U0111814

大展好書　好書大展
品嘗好書　冠群可期

大展好書　好書大展

品嘗好書　冠群可期

梁旭輝 著

30天輕鬆學會詠春拳

附DVD

大展出版社有限公司

葉準、冼國林、杜宇航、陳嘉桓序

　　詠春始於師祖嚴詠春氏，衍於梁贊大夫，盛於先父葉公繼問。所謂盛者，張皇幽妙，推而廣之者也；葉問公之於詠春，絕類離倫，居功至巨，未有可與匹敵者。

　　近年葉問電影之流行也，先有「葉問」，再有二集，「前傳」又接踵而至，遂成我武熱潮。於是欲習詠春者，望門若渴，而傳藝者亦如春筍之生之雨後；香江如是，禪城如是，環宇亦如是也。同門梁君旭輝，於斯時而有是書，實審時應世之舉。

　　梁君為葉問公再傳弟子，於詠春自有心得；而梁君亦為佛山精武體育會會長，夙負盛名，廣結武林同道，於相觀而善，如切如磋之際，自然學多識廣。是書之面世也，實為武林美事；初學者手執一本，進益良多，可以料焉。

　　是為序，並以奉賀云。

八八老人葉準

　　中國武術舉世聞名，為中國國粹之一；而詠春，更是中華文化當中不可多得的瑰寶。在全球化的影響下，中國武術經常出現於許多電影或電視節目之中，更被歐美社會

視為中國重要文化之一。我輩有緣習得詠春拳，是上天的恩賜，理應回饋社會，並將詠春推廣至全中國，乃至全世界。因此，詠春聯會的成立，正是為了肩負起這重大的使命。《葉問》電影系列的誕生、佛山國際詠春邀請賽的開展以及將來詠春武術段位制的設立，也是為了這相同的理念。

為這門國粹作全面的推廣需要良好的夥伴，梁旭輝師傅及佛山精武體育會為此一直不遺餘力，例如這次出版《30天輕鬆學會詠春拳》就將佛山詠春的發展史、現況及展望整合成書，助市民大眾更有效瞭解詠春文化及典故。梁旭輝師傅對武術推廣的熱誠及貢獻實在令人敬仰，亦是我輩中人的學習典範。在此，謹祝梁旭輝師傅著作，一紙風行，名揚四海。

世界詠春聯會副主席
香港詠春聯會主席
《葉問》電影系列出品人——冼國林

我自少便學習中國武術，它一直陪伴著我成長；而武術亦是中國社會重要的集體記憶之一，所以我一直希望能夠廣泛宣揚這種深遠悠長的中國文化。

我有幸主演一部能成功融合武術的電影——《葉問前傳》，實在是獲益良多。該電影除了讓我將中國武術推廣給全世界外，還借此認識了一些對武術充滿熱誠的同道中人，而能文能武的梁旭輝師傅正是當中的佼佼者。

除了電影這種效果顯著的媒體外，其他的宣傳管道亦不可忽視，梁師傅今次以文字記錄了佛山詠春的文化、歷

史與展望，而且進行了全面詳細的詠春技法的介紹與演示，讓世人以另一種方式重新認識詠春，實在是不可多得！

推廣武術的人需要很多的耐性，爲了進一步宣揚詠春這門學問，我想梁師傅這本《30天輕鬆學會詠春拳》絕對可大派用場。

詠春推廣大使

《葉問前傳》男主角——杜宇航

在拍攝《葉問前傳》的時候，最令我難忘的事就是認識到梁旭輝師傅，在電影中，他飾演80年前的精武體育會會長，也飾演我的乾爹。而現實中，我所認識的梁師傅除了以行動宣揚詠春，現在更以文字支援這種中國武術，令我十分敬佩。

梁師傅在書中將佛山稱爲中國武術之鄉實在令我心有同感。當我在佛山拍攝《葉問前傳》時，看到這裡到處都滲透著濃厚的武術氣息，平凡如晨運的人都在練功夫！身爲冼國林師傅的詠春弟子，看到梁師傅在書裡提到有關葉準師傅成立世界詠春聯會的相關事蹟，更是倍有感受。

最後，我在此衷心希望梁師傅的新書能夠繼續宣揚詠春文化，同時亦希望那些對練習詠春有興趣的朋友可以關注這本書。

詠春推廣大使

《葉問前傳》女主角——陳嘉桓

詠春拳

自 序

　　這兩三年佛山精武體育會接到全國各地的電話，幾乎都是問有關詠春拳的。有的打聽過來佛山學拳的詳情，有的想邀請佛山師父到北方傳授詠春拳，還有的想來看佛山的「武館街」……要求五花八門，都是衝著一個名字：葉問，或一種功夫：詠春拳。

　　於是在這兩年的暑假裡，佛山的詠春師父都忙不過來，因為有很多學生放假後就學詠春拳。

　　這都是《葉問》系列電影帶來的效應。對於佛山詠春拳來說，卻似乎是一個遲到的春天。因為佛山詠春拳已經有近200年的歷史了，從來沒有現在這麼火爆過。

　　詠春拳在海外早已十分流行，並已經形成成熟的產業，在產業的基礎上，又逐漸形成一門應用學科，廣泛應用於社會的各種領域。

　　佛山詠春拳還保持著較為原生態的武館文化，注重拜師，強調個體的傳承，傳統文化的底蘊非常深厚。在佛山，練功夫是生活的一部分，並未成為大多數師父們主要的職業。

　　所以很多時候我很抱歉地跟外地的朋友說：「對不起，我們不能為您在佛山學習提供食宿；佛山的師父都是業餘教學，有自己的職業，不能去到外地；佛山如今也沒有武館街

供您遊覽，武館和高手都隱藏在不起眼的地方……」

顯然，佛山詠春拳的現狀已經遠遠滿足不了當下國人對詠春拳的需求了。作爲佛山詠春拳的傳承人，我感到責任的重大和時間的緊迫。

本書的撰寫和出版是我進行國內詠春拳產業化和學術性的一個嘗試。我在港臺和國外看到有關詠春拳的書籍、音像製品種類繁多，而在詠春拳誕生的故鄉還鮮有能與國外媲美抗衡的同類產品。因此打造出與國際水準相近甚至超越的詠春拳書籍，是我的願望。希望這本書能夠成爲國內功夫類圖書的先鋒。

詠春拳是一種很簡單實用的自衛博擊術，也是一種在世界上非常流行的運動方式。詠春拳人人可學，不分性別和年齡，也無論是否有功夫基礎。實際上，沒有任何武功底子的朋友往往更容易學會學好詠春拳。因爲詠春拳是脫離任何功夫門派而獨具一格的體系，不需要別的武功底子來輔助。而深造過某些其他功夫的朋友有時候會因爲先入爲主而把以前的功夫特徵帶進詠春拳的學習中，所以在練習詠春拳的時候請特別留意這一點。

我在學習詠春拳之前，曾經花很長時間研究其他的傳統功夫。在接觸詠春拳後，我發現詠春拳是一種嶄新的功夫，它的拳理別具一格，心法獨特不落窠臼，需要從頭學起。即便詠春拳裡有一招半式與別的拳術相同，但我不認同詠春拳是由某一種拳術派生出來的說法。就如同一個新成立的股份公司可以有許多股東，但絕不能說這個公司就是某一個股東的全資子公司。

一個零基礎的新人來學這一種嶄新的功夫，很有可能

更容易被塑造而提高得更快。我曾經做過一個試驗，挑選
了十名沒有任何功夫基礎且不知道詠春拳爲何物的女大學
生，集中強化訓練一個月，結果她們都掌握了基本的應用
方法，最後連她們的男同學都不是她們的對手了。所以快
速學會詠春拳並非空談，這本書的內容深入淺出，你完全
可以在30天裡輕鬆學會。當然，任何功夫都是練出來的，
恒心和毅力很重要。

　　如果你想學詠春拳又暫時來不了佛山，那麼這本書是你
的好選擇。當你打開這本書的時候，不要認爲自己沒有基礎
而氣餒。請相信自己的能力，詠春拳是可以被你所掌握的。

梁旭輝

於無憂堂

（右）義大利弟子SIMONE
（中文名：西門飛龍，特種警察、非洲搏擊術AREFI-AREHSEE傳承人）

詠春拳

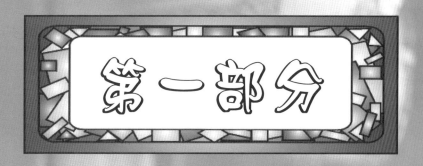

第一部分

那些人、那些事
——詠春拳的源流與傳承

詠春拳流傳至今已有兩百多年的歷史。

是誰創立了詠春拳？

它是怎麼傳承下來的？

歷史上又有哪些詠春風雲人物？

他們有著哪些傳奇故事？

在這裡，

讓那些人、那些事重新鮮活起來。

一、嚴詠春，一個女人的傳奇

中國武術自古以來宗派林立，每門每派都推崇一個創始人。

嚴詠春，這是一個在正史裡找不到的名字，只存在於傳說之中。

但是嚴詠春對於詠春門人來說，其尊享地位不亞於少林拳的達摩和武當拳的張三豐，因為詠春拳以她命名，更特別的是，她是一名女子。

葉問宗師在其撰寫的《詠春拳源流》文字中，是這樣介紹嚴詠春的：

「先祖嚴詠春氏，原籍廣東，少而聰穎，行動矯捷，磊落有丈夫氣。自幼由父母做主，許字福建鹽商梁博儔。未幾母歿，父嚴二事被誣，幾陷於獄，因是遠徙川滇邊區，居於大涼山下，以賣豆腐為活……時先師年已及笄，有當地土霸涎其姿色，恃勢迫婚。父女二人日有憂色，為五枚法師廉悉其由。因憐其遇，許以傳技保身，給該土霸俟解除梁氏婚約後始賦于歸。由是即隨五枚返山，日夕勤修苦練。技成，乃約土霸比武，卒將土霸擊倒。自此五枚雲遊四方，頻行殷殷誠以嚴守宗風，等婚後發揚武術，同佐反清復明大業。綜合過去事蹟，知詠春派拳術，實宗於五枚法師也。先祖師既婚，首傳技於夫婿梁博儔……」

上述短短數百字，已經可以讓影視導演們拍出許多精彩的作品來。但是葉問宗師撰寫這些文字的初衷，只是為

了讓門人瞭解本門傳承，並無編寫劇本之意，當年以教拳為生的葉問宗師更無料到他身後的無上榮光，所以我們理應尊重葉問宗師的原意，不必苛求他在某些考據上的缺陷。至於有關詠春拳源流秘密的進一步探究，我會在以後的文章中披露。

　　事實上，有關詠春拳的源流，並不限於葉問宗師的一家之言，尚有眾多佛山詠春派的不同宗支，亦以嚴詠春為始祖，畢竟民間鄉野相傳也是一種記載方式，暫不一一細

五枚師太授藝嚴詠春

說。在這裡我想說的是，我們可以從這個引人入勝的傳說中，找到一把開啟學習詠春拳之門的鑰匙。

這把鑰匙一面刻著「巧」字，另一面刻著「快」字。

假如嚴詠春沒有遇上五枚師太，無論如何「行動矯捷，磊落有丈夫氣」，都無法打敗昂藏七尺的地方惡霸，因為生理原因男女氣力相差甚遠。然而當嚴詠春學會了功夫就不同了，所謂功夫，在打鬥時候就是技術，技術就是方法，好方法就是巧方法，巧就是「以柔克剛、以弱勝強」。靈巧的小姑娘才可以擊敗大力猛男。

作為高手中的高手，五枚師太深知此理，而她教給嚴詠春的拳法，自然是可以發揮女子的最大潛能，來攻破強大的對手。詠春拳的「巧」，在於有與眾不同自成一格的近身搏鬥體系，包括特有的手法、腳法、步法和與之匹配的戰鬥心法。

所謂「快」，並不是指詠春拳出手很快，而是「速成」的意思。詠春拳因巧而快。只要你掌握了正確的法度，你就有可能在數月之內成為一個高手，今日所學今日可用。試想，一個「涎其姿色，恃勢迫婚」急於娶親的土霸怎麼可能讓嚴詠春慢條斯理地練功呢？所謂及笄之年，指女子到了婚嫁的年紀，一般都是十七八歲以後。假如上山練功需要十年，那麼嚴詠春下山就快三十歲了，那個年代恐怕土霸也不願意娶個「剩女」吧？

當世界上有一種武功，不需要以力鬥力取勝，又可以在短時間掌握，這麼好的功夫，人人都想擁有。可是，嚴詠春只收了唯一的弟子，就是她的夫婿梁博儔。詠春拳，顧名思義就是「嚴詠春打的拳」。

　　成就嚴詠春一生傳奇的有兩件事：一件就是從五枚師太那裡學到了獨門功夫打敗了惡霸；另一件就是把這種「女人拳」傳給了她的男人，以後她的男人又傳給另外的男人。從此，詠春拳造就了許多英雄人物，而今，詠春拳已經令全世界無數男人為之著迷。

　　嚴詠春嫁給了梁博儔，把詠春拳傳給了夫婿，從此詠春拳跟梁姓宗族結下了不解之緣。梁博儔之後的傳人中，由梁蘭桂傳梁二娣。從名字上看，梁蘭桂和梁二娣是女人名，其實都是「純爺們」。梁二娣又教了唯一的同姓弟子，這名弟子日後成為佛山詠春拳之集大成者，令詠春拳名震江湖，他就是梁贊。

蛇鶴鬥法創詠春

二、醫武雙絕，「佛山贊先生」

梁贊原來不叫梁贊，本名叫梁燦成；

梁贊原籍也不是佛山，而是距離佛山不到一百公里的鶴山。

梁燦成，字德榮，生於清朝道光乙酉年十一月十五日（1825 年 12 月 24 日）子時，梁氏家族第二十世，世居佛山（載於《梁慎遠堂族譜》）。其舊居有幾處，都在現在的佛山市禪城區舊區，如升平路的松桂里、建新路的善慶坊、人民路的高閘門等，不過這些舊居都在早年的舊城改造中被拆掉了。

梁燦成是一位武學大家兼名中醫，他開的醫館兼武館叫榮生堂，原址在現在的佛山市禪城區升平路 95 號（以前的快子大街和快子正街之間），房屋已毀。因其醫武雙絕，藝德雙馨，贏得街坊鄉里的一片讚頌，由於佛山口音「燦成」與「贊生」相近，「贊生」即「贊先生」之意，所以後來大家約定俗成都把「梁贊」叫開了。

在梁贊之前，嚴詠春、梁博儔伉儷行走江湖，將詠春拳由川滇帶至兩廣，故後來在廣西、廣東都有詠春拳的蹤跡。梁博儔把詠春拳教給梁蘭桂（極有可能是同族的梁氏宗親），梁蘭桂又傳給粵劇紅船中的黃華寶、梁二娣。以上諸人都是浪跡江湖的遊俠，居無定所。

從詠春拳源流隱藏的脈絡來看，詠春拳從五枚師太到黃華寶、梁二娣這幾代傳人，都與背負「反清復明」使命

的秘密組織「天地會」有關，他們都是「天地會」的高手。到黃華寶、梁二娣這一代，在粵劇紅船的戲班裡更是出現了一個首領人物叫李文茂，他在清朝咸豐四年（1854年）率領粵劇伶人和天地會的會眾，組成「紅巾軍」發動起義，在廣州、佛山附近與清軍交戰，聲勢浩大，後轉戰廣西於潯州（今桂平）建立「大成國」自稱為王。

　　在清朝道光版的佛山地圖中，佛山的大基尾碼頭邊有一座「瓊花會館」，表面上是紅船靠岸後粵劇伶人落腳集聚的行會，實際上是天地會在佛山的總部機關。傳說梁贊就是被梁二娣帶到瓊花會館裡面，經過了天地會的一整套歃血宣誓儀式之後，被正式收為詠春派弟子。

　　梁贊跟梁二娣學習了一段時間，梁二娣又把他介紹給自己的師兄黃華寶，讓梁贊得以深造詠春拳。梁贊天資聰穎，很快把黃梁二人的詠春拳化為己有，盡得精髓。此後，因為天地會的關係，梁贊去廣西，找到老年的嚴詠春、梁博儔，在嚴詠春家中盤桓數月，得到嚴詠春的悉心調教，授予五枚師太秘傳的梅花步法和吐納調息內功，技藝大進。

　　據梁贊後人講，其舊居之中，神臺上一直供奉「詠春三娘」嚴詠春的木像，以志不忘先師祖教誨的恩德。

梁贊真像
（梁贊曾孫梁文樂先生提供）

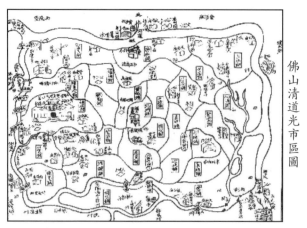

佛山清朝道光年間的市區圖，右上可見瓊花會館的位置

　　據梁贊的當今後人介紹，梁家代代相傳，梁贊喜歡用掌多於拳，擅長使詠春拳「尋橋」中的「雙飛蝴蝶掌」而獨步江湖。從拳理上講，出拳的威力大於出掌，梁贊深知詠春拳犀利，對比武的對手多有惻隱，出手時掌風擊到對方身體即停，蓄勁於掌心而不吐，令對手無不折服而退，不若出拳時寸勁透出，較難留手而致人於死傷。其武風類其醫德，盡顯宗師風範。

　　梁贊將不同師父的詠春拳融會貫通，並青出於藍。在他的整理下，詠春拳的徒手套路被明確固定為小念頭、尋橋、標指，分別遵循初級、中級、高級的階梯序列。他將木人樁由紅船上搬到自己家中固定在地上，將黐手的地方由紅船的甲板換成八仙桌，並將六點半棍和八斬刀融入詠春的兵器體系，以自己的中醫跌打知識增加了許多點脈手法，輔以經絡的運氣調息功法，內外兼修，從此確立了佛山詠春拳完善的體系。這個體系一直傳承至今，所以後人

稱梁贊為「佛山詠春開山宗師」，乃實至名歸。

　　梁贊挾詠春功夫，對上門挑戰來者不拒，又路見不平行俠仗義，懲戒村霸惡徒，屢戰屢勝；而對貧苦弱者，則懸壺濟世，施醫贈藥，在佛山、肇慶、廣州一帶留下無數膾炙人口的英雄事蹟。時佛山為鎮，隸屬南海縣，故梁贊被譽為「南海拳王」，坊間又稱「佛山贊先生」。

　　據《梁慎遠堂族譜》記載：梁贊「善術岐黃，心存濟眾，人有疾厄相求，千里不辭跋涉，遇有貧而無告者，必助之藥費，所以時人亦感公不少也。」「公性仁慈，戒殺放生，剛烈正大，兼擅武藝，名噪當時。公常曰：人無善性莫學拳術。所以乏傳衣缽。」

　　梁贊卒於光緒二十年甲子五月二十七日（1894 年 6 月 30 日）未時，壽享六十九歲，葬於佛山。

　　梁贊傳下的弟子有限，故事裡有豬肉桂、木人華、流氓奇等，未見經傳，但出現在小說和影視裡。而真實中的梁贊之次子梁碧和以及徒弟陳華順，則教出了另一個一代宗師：葉問。

贊先生紅船戰清兵

三、詠春，葉問

葉問，本名葉繼問，廣東南海縣（今佛山市南海區羅村）人，生於清光緒癸巳年九月初五（1893 年 10 月 10 日），家中排行第三。

葉問 11 歲時，適逢梁贊徒弟陳華順租用位於桑園大街（現佛山市禪城區蓮花路）的葉家宗祠作為武館授徒，葉問得以成為陳華順的關門弟子。然而僅僅不出三年，陳華順因病去世，臨終前，陳華順囑咐得意弟子吳仲素繼續栽培小師弟葉問。吳仲素謹遵師命，對葉問愛護有加。當時葉問與阮奇山、姚才經常在普君墟線香街的吳仲素武館習練詠春拳，三人十分投契。以致日後三人打出名氣，被稱作佛山的「詠春三雄」，此乃後話。

葉問在 15 歲時，前往香港求學，就讀位於赤柱的聖士提反書院，時值香港為英國殖民地，學校亦奉行英式教材，所以葉問在港四年受到的是西方現代知識教育，尤其是幾何、物理等，對其日後於詠春拳理的重新理解和授徒教學方法改革，均產生深遠的影響。

機緣巧合，葉問碰上了梁贊次子梁碧和（影視作品等多為梁

1949 年的葉問

壁、梁壁或梁碧，皆誤）。梁贊在世時，梁碧和就已經在香港做生意，經營日用雜貨。梁贊有三房太太，子女眾多，但完整傳承梁贊詠春拳心法的只有梁碧和。當時葉問在學校遇到印度籍人欺侮華人，葉問抱打不平，施以詠春拳痛打該外籍人。後來葉問多有炫技，此事傳到梁碧和耳中，梁碧和便將葉問找來訓斥一頓，葉問不服，提出與梁碧和驗證武功。葉問自恃年少有成，起初未將老人家放在眼裡，豈料一經搭手，瞬間便被梁碧和以巧勁打倒。待梁碧和說出家乘，葉問才知道原來敗在師伯手下。

　　梁碧和愛惜葉問是難得的玉璞，便傾囊相授，葉問隨梁碧和深造近三年，盡得梁贊的家學秘傳，包括點脈解脈的書籍、完整的木人樁法和梅花步。除學了完整的贊先生詠春體系外，葉問還在梁碧和身上學了許多做人的道理，成為儒雅內斂的武者，而非好鬥魯莽的武夫。待學成回到佛山，葉問已經晉身嶺南一流高手之列。

　　中年的葉問一直在佛山的警界工作，在抗日戰爭佛山淪陷期間，受廣東省第一區抗日遊擊縱隊特務大隊的大隊長胡家輯邀請，以詠春拳訓練抗日特工，投身救國戰火。至1945年抗戰勝利，葉問已52歲。

　　1949年，葉問隻身前往澳門，半月後到達香港，於次年開設第一個詠春訓練班，從此全心授徒。如同影視作品表現的一樣，葉問初到香港，生活的確非常潦倒，為生計只能依靠平生所學的功夫來教拳為生。

　　最初的學習班開設在九龍大南街飯店職工總會，家師張卓慶這樣形容當時環境：「學習班位於一座商業公寓大廈的一樓，實際上是香港飯店工會的俱樂部會所。房子的

葉問就讀過的香港聖士提反書院

結構也很簡單，休息室在前廳，中間有3個小睡房，後面是廚房。在香港，土地是最昂貴的商品，休息室只有35平方公尺，同時它還是我們訓練的大堂。當時誰能想到，這個斗室，就是培養出一群詠春驍將的搖籃⋯⋯」

之後，葉問先後在香港多個地方輾轉教拳，如海壇街、油麻地利達街、李鄭屋村、興業大廈、大生飯店閣樓等。

1955—1958年，家師張卓慶當時仍讀中學，為專心學拳曾搬去與葉問共住，雖然距今超過半個世紀，但張師父對當時艱苦歲月記憶猶新。其時香港淡水供應吃緊，居民需經常挑著水桶到街口固定取水點排隊，某次六個「水霸」意欲收取老實街坊的「排隊費」，葉問氣憤出言相斥，「水霸」自恃人多，粗口之下公然動手，想「教訓」這個毫不起眼的瘦削老頭。不料葉問以手中「擔挑」（廣東扁擔），使出詠春絕技「六點半棍」，「啪、啪、啪」棍響處一片哀號。待張卓慶聞聲衝到，葉問已經打倒兩

個！其餘抱頭鼠竄而逃。此即在本系門內饒有趣味的「六點半擔挑」典故。

20世紀五六十年代，香港彙集南拳北腿，門派林立，其時功夫在大陸因為「文化大革命」運動被禁止公開教授，但在香港武館文化卻得以蓬勃發展。葉問之所以在香港這一臥虎藏龍的英雄地能夠迅速崛起，跟他的不少弟子靠實戰「講手」打出名堂有莫大關係。

那時候私人公開鬥毆亦不為法律允許，為避嫌疑，各門派之間的切磋比武以「講手」代之，取相互友好交流之意。在多次「講手」之中，詠春門人多占上風，令詠春拳和葉問聲名鵲起，除證明詠春拳本身確實犀利外，葉問能夠以現代理念培養弟子成為人才亦是關鍵。不少武術門派，多有宣傳自身功夫體系博大精深，甚至融入陰陽、五行、八卦等元素，動輒引用河洛圖、易經等艱澀難懂的內容，令學者如墜雲山霧海、不得要領，如此往往耗費師父和弟子的許多精力及光陰，而對實戰又無太大作用。

葉問由於具備受過西方科學啟蒙教育的經歷，加上在香港他大量招收詠春弟子，不受門派舊傳統束縛，因此葉問可以在教學中摒棄許多傳統的繁文縟節，突破窠臼，代之以新穎的力學、運動學概念融入，通俗易懂，令弟子活學活用、快速上手。事實上，當徒弟日漸增多，葉問無暇兼顧，往往令早期的弟子來教新入門的師弟，如李小龍便是由其師兄黃淳梁和張卓慶教得最多。

葉問在教學中除堅持去繁就簡以現代理念替代陳腐傳統外，還在基本功的訓練上對弟子要求尤為嚴格。據說當時場地狹小，眾師兄弟總會提早占位，雖然如此，每人還

是只能占幾塊階磚的地方。好在詠春拳動作幅度小，大家相互側身也能相就。夏天酷熱，個個汗如雨下，每次練完功，各人所站立的階磚皆是汗漬一片，而葉問看到滴汗最多的那塊階磚，總是表揚站在那塊磚上練功的弟子。弟子們都知道葉問不喜歡偷懶的學生，所以練功特別賣力，故此葉問門下迅速培養出一批基本功紮實又善於實戰的弟子，各有造詣。其弟子以這種簡約、實際的教學體系再教弟子，無怪乎葉問門下可以「批量生產」能征慣戰之輩，令至今全世界的葉問詠春門人達到近千萬之眾。

如今，全世界上萬家葉問詠春的大、小練拳場所，中央顯著位置都懸掛葉問的照片，照片兩側都會有這樣的對聯「詠春傳正統，華夏振雄風」。這十個字便是葉問一生的寫照。

20世紀50年代初葉問生日切蛋糕及門人合影
（右上最高者為張卓慶）

四、「終極戰士」張卓慶

　　張卓慶師父，生於 1940 年 10 月，祖籍廣東普寧，是佛山詠春拳葉問宗師在香港的早期入室弟子，也是國際武打巨星李小龍最親密的師兄，被李小龍稱為葉問詠春門下的「終極戰士」。

　　張師父曾任澳洲武術協會會長，現任全球正統詠春功夫總會會長，佛山精武體育會客座教授、佛山科學技術學院體育學院客座教授。

　　張師父出生在一個大宅門，他的父親張榮錦先生在20世紀四五十年代擔任香港新界華人總探長，膝下子女甚多，張卓慶為其第三子。

　　張卓慶在十歲出頭時與家中兩個哥哥和一個弟弟一起，拜入佛山詠春拳葉問門下學習。對於五十多年前的詠春第一課，張師父如今仍然記憶猶新，他在《正統詠春》一書中寫道：

　　「我和我的兄弟放學之後就去訓練，我們大概下午4點鐘的時候到達詠春武館。葉問師父接見了我們，交代了一些學習的必要手續，例如學費方面的事宜。然後他叫師兄徐尚田給我們開拳，徐師兄演示了小念頭第一部分開始的基本動作，葉問師父吩咐我們跟著師兄照樣做。在接下來的3個小時，我們這些新人只是不斷重複地練習二字鉗陽馬和日字衝拳的動作。我們都懷著極大的熱情和興趣，對於希望能夠從葉問師父那裡學到正宗的功夫心法，我們

甚至忘記了連續好幾小時重複訓練基本動作的疲勞和無聊。這樣的訓練持續了好幾個星期，然後徐師兄才教給我們接下來的一組動作。直到6個月之後我們才學完了小念頭的第一部分。」

少年李小龍則是在街戰失利及受張卓慶的影響而決定投入到詠春門下。因為李小龍感覺到張卓慶的功夫犀利了許多，原因是他開始學習了詠春拳的緣故，所以在張卓慶的帶領下他亦正式拜入了葉問宗師的門下。

1955年的一天，張卓慶帶著好朋友李小龍拜見葉問，當時他們都是15歲。由於兩個青年有著兄弟般的友誼，張卓慶和李小龍經常聚在一起研究實戰技法，而李小龍日後應用於功夫電影中的許多打鬥動作，很多也有早期與張卓慶在街頭實戰的影子。當時在葉問旗下，張卓慶、李小龍和師兄黃淳梁被稱為戰無不勝的「鐵三角」。

「張家班」兄弟四人以張卓慶對詠春最為癡迷，他刻苦地練習，進步神速。很快他的功夫已經超越了自己的兄長，以及不少比他先學的師兄。在1955—1958年間，張卓慶搬去和葉問住在一起，一邊侍奉師父一邊全面學習詠春拳，在這段時間張卓慶得到葉問師父的私家傳授。

20世紀60年代，在同門師

1981年的張卓慶師父

兄弟紛紛開武館自立門戶的時候，他卻不為所動。張卓慶一直懷著對師父的感恩，恪守著自己的態度，直到1973年，即葉問宗師去世後的第二年，張卓慶才在澳洲墨爾本的唐人街成立了屬於自己的詠春學校。

1959年的新年，張卓慶依依不捨地告別葉問師父和李小龍，離開香港到達澳洲求學。數年後，他在坎培拉大學裡修完了文學和經濟學的雙學位，畢業後他在海關做緝私工作，屬於政府公務員。這對於當時在澳洲的華人來說，是很難得的職位。但當他發現他要緝捕的對象多數是華人時，便陷入了情義兩難的境地，最終因為難以割捨民族情感而申請去了人口調查局。

然而數年後張卓慶最終還是辭職了，因為他覺得這些平淡無奇的工作不適合他，他嚮往更自由的生活。

1955年張卓慶與葉問宗師

1955年張卓慶與李小龍

　　1971年張卓慶在坎培拉開了一家旅館，叫做「龍之客棧」，生意不錯。但是在1972年12月獲悉葉問宗師去世後，張卓慶忽然感到一種責任的存在。他毅然結束了旅店的營業，在1973年到墨爾本開設了專門教授葉問詠春拳的學校，走上了終生不悔的詠春之路。

　　在20世紀70年代，華人在海外生存發展殊為不易。詠春之路充滿荊棘，張卓慶師父遭遇過無數次與各國功夫高手的較量，用詠春拳捍衛著中國功夫的尊嚴；江湖險惡，他也經歷過被人誤解、謾罵甚至居心叵測地暗算，但所有的驚濤駭浪和艱辛困苦都無法阻擋一個信念堅定的詠春戰士的腳步。

　　1984年張師父在美國哈佛大學演示功夫，創造了1秒鐘連環衝拳擊出8.3拳的世界紀錄；20世紀80年代中期，張師父應邀到美國第七艦隊日本沖繩基地教授美國海軍陸戰隊以及海豹突擊隊功夫。數十年來，他開設的連鎖式詠春功夫學院遍及世界許多地方，他的徒弟徒孫獲取的武術大獎數不勝數，連澳洲前任總理Bob Hawke都受教於他。

　　張師父先後撰寫多本論述詠春拳的英文著作，並被翻譯成多種語言文字出版，同時應邀拍攝了多集親自用英語講解的詠春拳教學片。他先後40多次成為《黑帶》等世界各國頂級武術雜誌封面人物，每年他都花半年的時間應邀到世界各地去巡迴講學或訪問。

　　張師父同時是一位中醫骨傷科名醫，是澳洲維州註冊中醫師，受聘為廣東省中醫研究所客座研究員，他獨創的中醫康復及養生技術——CMT（張氏經絡康復療法）正在造福於許多人。張師父集文、武、醫於一身，長期在澳洲、美國

和其他世界各國弘揚中華傳統文化，桃李滿天下，功勳卓
越，被世界頂級功夫雜誌稱為：大師中的大師。

　　張卓慶師父的母親是佛山三水獨樹崗村人，所以他對
佛山懷著深厚的感情。近年來，他每年都會千里迢迢回到
佛山尋根。

　　每次回到佛山，除了指點佛山弟子的武功，張師父都
和弟子商討海外詠春拳如何回歸中國，促進中國功夫產業
化的戰略問題。另外他多次去拜謁葉問紀念堂，拍攝佛山
風光回去向海外宣傳，同時還將一些當年葉問、李小龍的
史料捐獻給佛山祖廟文物管理所和葉問故鄉羅村作研究。

　　海外赤子，落葉歸根。2009年10月，張師父特地選擇
在恩師葉問的故鄉佛山做七十大壽；2010年6月11—13
日，張師父時隔60年回到家鄉廣東揭陽市普寧尋根問祖；
同年他的生日期間，他又率領來自十三個國家的弟子六十

2009年10月無憂堂眾弟子為張卓慶師父
在佛山祝賀70大壽

2010年6月張卓慶師父（右3）攜長子張家將（左3）
與梁旭輝等重返家鄉廣東普寧祖屋尋根

多人訪問嵩山少林寺，釋永信方丈稱讚張師父是「幾十年
如一日實實在在為詠春貢獻的人」。現在，張師父將在海
外發展的豐碩成果帶回中國，和佛山弟子共同建立起《詠
春學》這一應用學科體系，將詠春拳提升到高等教育的學
術理論，為培養中國的詠春高級人才繼續奔忙。

張卓慶師父，稱得上是生命不息，戰鬥不已；戰績輝
煌，桃李芬芳；足跡遍全球，享譽海內外。

【附錄】

這是一篇刊登在20世紀70年代初香港《新武俠》雜誌
上的文章，是葉問宗師的弟子黃淳樑所作，內容是專門講述
筆者的師父張卓慶學武的事蹟，現在抄錄如下，與讀者共
用，並以此表示本書作者受教於張卓慶師父的敬仰之情。

弓藏念將

黃淳梁

　　是期談談張卓慶，張為前總探長張榮錦先生之三公子，張敬綱之弟。張氏兄弟多人曾拜葉宗師門下，而張敬綱早年負笈澳洲，而卓慶年幼，仍留港學習詠春。

　　是時不過十三歲，但生來體形魁梧，身高五呎十一吋，嗜武如命，且甚聰明乖巧，善解人意，深獲先師喜愛，每於授技之餘，猶不厭其詳擇要而教之。且彼絕無驕態，同門師兄素以親弟視之，況當年同門不多，彼此義氣相投，就像一家人一般，而當教者亦少，故彼此絕無猜忌，每於課餘及工作之後，濟濟一堂共同練習，未見如今日互相擠兌者。

　　由於卓慶天資聰穎，每於師兄弟搏擊練習時，多以其年幼，常以較繁雜之方法進攻而弄之，但瞬即為彼所學會並加以運用以其人之法而反擊，毋需執手而教者，苟非有天縱之才，絕難為此，所以在很短的期間當中，便有脫穎而出之勢。且彼膽色過人，年輕好勝，少不更事，所以生事及比武之事，可說無日無之。當置身處於刀棍混合及十數彪形漢之搏鬥中，以寡敵眾，而全無懼色。當時之人多以「打仔慶」或「沙膽慶」（粵語「沙膽」即「大膽」之意）稱之，由於他的年齡甚幼而有此造詣，當然很容易變成年紀相若輩的羨慕對象，漸漸學生輩爭相投於詠春門下。而當日之李小龍亦隨他往學詠春的，於是乎做成若干程度的詠春熱。

　　陳非兄與卓慶甚稔，所以亦常於雜誌報章提及。正如

上文所說，每一家一族當其將興的時候，總不免有一兩番人才輩出，張卓慶就是其中之佼佼者。當然詠春是具有它的成功條件，正如一闋好曲如缺少一個懂唱的人，也不能使其娓娓動聽的。可惜十年前卓慶已赴澳洲，在香港詠春台柱之中少了一根。

張氏在澳學成之後，在當地初任緝私工作，而當局對彼倚重甚厚，但所緝獲的多是中國人，漸漸他對工作失去興趣，求調往人口登記局。在彼邦之華人如遇外侮，多爭相求助於張君，故當地之華洋人士鮮有不識其人者。聞說張君近亦有教一部分外國人士，在國外發揚。

回顧今始，卓慶老弟對詠春派的發展是功不可沒的。而其兄張敬綱早期亦曾為詠春盡過不少力，今倦鳥知返，在港向文學之途發展，但彼對詠春之熱愛未因時而稍減，而卓慶在澳洲之消息，亦多來自彼處。

五、李小龍，從詠春拳到截拳道

李小龍屬龍，1940 年 11 月 27 日出生。

家裡長輩按照迷信習俗為他取了一個乳名叫「細鳳」，據說是用這樣一個女孩子的名字可以迷惑專門偷取小男孩靈魂的魔鬼。

李小龍是個武癡，他對各種功夫都非常感興趣，然而他最情有獨鍾的傳統功夫，還是詠春拳。而李小龍能夠學到詠春拳，完全是結識同齡的夥伴張卓慶的緣故。

1949 年李小龍 9 歲生日那天，只大李小龍 40 天的張卓慶由長輩帶領去李小龍家裡參加生日派對，由於是同齡的緣故，兩個小朋友很快就熟絡了。當時他們兩個都想不到，日後他們會成為葉問詠春門下的兩員大將。

李小龍在十四五歲的時候，跟幾個年紀相若的少年組成一個叫「龍城八虎」的團體。這個小青年的組合並不是什麼幫派，而是結成團夥以免被黑社會的人欺負。那時候在香港的九龍，青少年結成團夥是非常普遍的事情，而身懷功夫的青少年往往得到團體成員的尊重。

當李小龍聽說張卓慶已經

李小龍

學了一種「女人拳」之後，迫不及待地找到這個兒時的夥伴，瞭解這種在香港還非常少見的功夫。

當李小龍見到這種雖不好看卻很實用的功夫時，完全被迷住了，便央求張卓慶帶他去學習。但是當李小龍要跟父親李海泉拿學費去報名時，還經歷了一些波折，原因是李小龍當時已經是一名電影童星，靠臉蛋吃飯，李海泉當然不希望兒子去參與一些有可能弄破臉蛋的事情來影響星途，然而在兒子不懈地要求下，父親最後還是同意了。

1955年的一個傍晚，李小龍放學後，在張卓慶的帶領下走進了葉問設在油麻地利達街的詠春武館。葉問看了一眼這個小童星，溫和地笑了一下，接著問了李小龍三個問題：「你為什麼想學詠春？」李小龍回答：「因為我覺得詠春是最好的功夫。」「那你打算學多久？」「永遠。」「你打算用來做什麼？」「我會用來教更多的人。」

李小龍不假思索的回答令葉問驚訝了一下，原本葉問只是照例對新入門的學生問這三個問題，前兩個問題很多學生的回答都是一樣的，而第三個問題許多人通常都會說「用來強身健體防身自衛」之類。

可是李小龍與眾不同的回答讓葉問心裡著實感動了一下，久閱江湖的老人家看到了李小龍的眼睛裡透射出來的堅定，葉問知道李小龍的答案並非敷衍或討巧，於是葉問決定收下這個穿著時髦的小青年。

葉問除了第一批有限幾個弟子，基本上都是讓先入門的師兄教後來師弟基礎的功夫。當時黃淳梁和張卓慶便成為李小龍的授業師兄，而且張卓慶也成為李小龍最親密的訓練夥伴。當李小龍認定學習詠春拳之後，練習非常刻

苦。他每天放學都會從學校跑步去詠春武館，為的是利用這段路程的跑步來熱身以節約時間，這樣就可以到達武館立即投入拳術的訓練。

一般人學習功夫總希望一天學完整套，而李小龍卻完全相反，他並不貪快，而是不厭其煩練習同一個動作，直到完全弄清動作的用法和運用純熟為止。

李小龍對於詠春非常癡迷，也常常想出一些改進革新的方法。他很喜歡用雙手拿著啞鈴做日字衝拳來提高出拳的力量和速度，為了備戰校際搏擊錦標賽，他和張卓慶經常一起練習，並用零用錢買了拳擊手套專門練習擊打，因為詠春拳手一旦戴上拳擊手套寸勁就很難使出，限制了詠春拳的力量，必須另想他法。

李小龍讓張卓慶拿著一個墊子在胸前，然後朝著墊子練習連環日字衝拳，結果小龍憑藉著詠春拳的快速追打這一招贏得了校際搏擊錦標賽的勝利。

李小龍甚至將詠春用到了恰恰舞裡。1957年，李小龍每天練完功夫就練習恰恰舞步，興之所至，他居然把詠春拳的黐手用到跳舞中。當時他的舞伴是一個叫曹敏兒的女孩，也是他的初戀女友，他們曾經在舞廳裡表演過這種獨創的「黐手恰恰」。後來李小龍被勒令停止了這種表演，因為葉問知道後很惱怒，老人家接受不了文藝青年李小龍超越傳統底線的創意和對詠春的「惡搞」。

1959年4月李小龍離開香港到美國。初到美國的幾年，無論是在西雅圖的華盛頓大學，還是在加利福尼亞州奧克蘭開設振藩功夫學校，李小龍主要以詠春拳的基本技法教授學生和用於比武，直到1965年之後開始構思一種新

的搏擊體系——截拳道。

　　一般認為李小龍之所以創立截拳道是因為他在某次比武中感覺詠春拳離開近距離之後無法發揮威力，這在李小龍生前接受美國《黑帶》雜誌的訪問中有所披露：「我在三藩市曾經和一個有著三腳貓功夫的人打過架，交手幾下後，那個傢伙開始撒腿就跑。我像個傻瓜一樣追著他，不斷地擊打他頭部後面。很快我的手因為擊打他堅固的頭部而腫脹起來。在那時我才明白詠春不應該是那樣子進攻的，我開始思考改變我的進攻方式……」

　　截拳道在微觀的形式上一方面保留詠春拳的精華，比如消打同時、中線防禦、驟發寸勁，等等，又移植了許多世界上不同功夫流派的技法，如北派武術高腿法、拳擊技法、擒拿手法、柔術鎖技，等等，十分齊全。但是更重要的是，在宏觀上，李小龍解釋截拳道是一種脫離任何功夫門派窠臼的技擊思想，這種思想最寶貴的核心便是反傳統的「自由」。

　　李小龍在其武學筆記裡說：「一旦你的生命在某個時刻受到威脅無法不自求防衛時，你能說『先等我擺好架勢，拳置腰際，再打好嗎？』生命於危急時，你能仍拘泥於你往常所學的派別打法嗎？還是應該隨機應變？中國的武術不錯是經過三千多年的演變與流傳，但為何一個人非得依賴這三千多年的傳統不可呢，傳統可能告訴你什麼是『柔』，什麼是『穩』，但是真正用到時呢？他們的理想、原理唯有引向偽善之途罷了。由於不欲受侵擾而求穩定的心理，人們開始建立行動、思想的模式及規範，久之，人即變為此模式之奴，以此不實之模式為真了。某種

動作的模式、規範使得參與者得以有一定的規則可循，這在拳擊或籃球等運動中或是可行的。然截拳道則否，截拳道之精神當在自由之精義，是不該為任何模式所拘束的。許多武術家常盲目地接受其師父所傳授的，結果造成了其行為、思想上的麻木和呆板。他的反應自是依循著已定的模式，使其心靈更加限制與狹窄……」

最後李小龍總結說：

「截拳道並非致人傷殘之法，而是一大道，朝向生命真諦追尋的坦蕩大道。我們只有在瞭解自己時方足以看透旁人。而截拳道則是朝向瞭解自己之道而邁進。自覺與自知是截拳道之根本，它的功能效用不唯在個人武術造詣的成就上，更可使其用於思考如何做好一個真正的生存著的人。學習截拳道絕非單純的對知識的尋求或是形式化的技巧的累積，而是在自我率真的表達上。一旦有人妄說截拳道是什麼或不是什麼，或是與什麼又有所不同，那麼，不妨就讓『截拳道』這三字永遠消滅吧！消除掉這虛有的名稱，只讓它的實質存在吧！截拳道只是個名稱罷了！」

葉問與李小龍

從詠春拳到截拳道，李小龍走過了一條脫胎換骨後再返璞歸真的道路。他對武學追求的精神，以及對功夫的真知灼見，影響了無數人。他是一個曠世的奇才，他主演的幾部電影帶起了全球的功夫熱潮，令「功夫」一詞收錄在西方人的詞典裡。

20世紀70年代，在許多西方人的心目中，備受崇拜的中國人有兩個，一個是毛澤東，另一個就是李小龍。

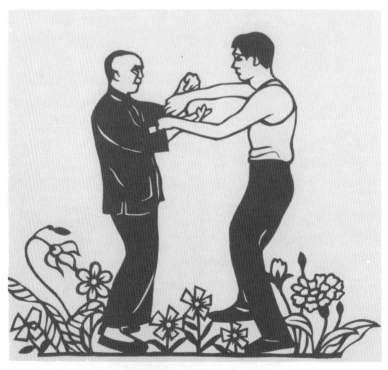

葉問授藝李小龍　鄧燕平剪紙

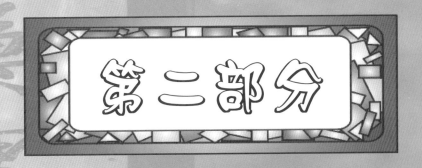

學拳先明理，一切從零開始

大千世界，天地萬物，皆有其特性、規律，功夫也不例外。

李小龍說：以無法為有法，以無限為有限。

要達到『無法、無限』的境界，必須經過『有法、有限』的過程。

學詠春，如果單純模仿電影裡的動作，雖然姿勢有了，卻不明就裡，依然無法長進。

所以，學拳應先明理，詠春拳是什麼樣的拳？

它的特點是什麼？

要怎麼練？

一、「女人拳」、「少爺拳」，變成時尚拳

　　葉問詠春無憂堂一直流傳一個笑話。若干年前，一個詠春弟子在北方某地參加該省的傳統武術比賽，參賽項目：南拳。當時在體育館內，各路武林高手爭相秀出本門絕藝，場上刀光劍影、龍騰虎躍，觀眾不時爆發出歡呼聲和掌聲。

　　詠春弟子初次參賽，不免在候場時摩拳擦掌、躊躇滿志。終於輪到詠春弟子獻技，只見他昂首闊步走入賽場，向裁判行了一個抱拳禮，穩紮了一個二字鉗陽馬，然後日字衝拳、攤手、圈手、佛掌、伏手……將佛山詠春拳徐徐展開。全場忽然安靜下來，大家都驚訝於這種沒有見過的拳術，稍後又竊竊私語、評頭論足。場上裁判面面相覷、不明就裡。詠春弟子見所有人都把目光聚焦在自己身上，更加精神抖擻、神情專注。

梁旭輝帶領同門練習詠春拳

　　正當詠春弟子沉浸在小念頭拳演練當中的時候，總裁判忽然在裁判席上站起，拿起話筒一聲大喝：「場上

選手馬上停止，退到場外！請檢錄人員注意：不要再讓選手把賽場當成熱身運動的地方！」詠春弟子還沒弄明白怎麼回事，便被維持秩序的工作人員請出場外。事後當詠春弟子向裁判解釋這是廣東佛山著名的詠春拳時，裁判們無不哈哈大笑：「別逗了，有哪種功夫是傻站在原地，然後兩個手在胸前甩來甩去的呢？這明明是老太太做的甩手健身操嘛！」這個笑話發生在《葉問》系列電影沒有誕生之前，因為當時在中國大陸除了廣東，其他省的人們基本上不知道詠春拳為何物，更不知道葉問是何方神聖。

詠春拳，相傳自五枚師太創拳以來，嚴詠春傳拳於夫婿，每代所傳不過寥寥數人。到梁贊確立近代佛山詠春拳體系，也未將詠春拳廣而授之。到葉問這一代，只是局限於一二十人掌握而已，故詠春拳長期被籠罩了一層神秘的面紗，外界一直不識廬山真面目。這種站立姿勢和出拳動作極像柔弱女子的拳術，一開始就被冠予「女人拳」的稱謂，一直為其他門派的行家所輕視。

從梁贊開始，求學詠春拳必須要支付師父較為昂貴的學費，傳說梁贊為學得詠春拳，不惜以百兩黃金來換取一套小念頭拳，又對師父梁二娣簽下「生養死葬」的契約。所謂「生養死葬」，便是師父在生時，弟子必須盡心供養師父，而師父去世後，弟子必須為師父風光大葬，如此解決了師父的後顧之憂，師父便將平生絕技傳於弟子。

「百兩黃金換拳」也許有些誇張，未必真有其事，但是當時詠春拳學費之高，卻是事實。即便到了少年葉問拜師的時候，第一次也向師父交了二十個大洋，這在當時可以買到十多擔穀子的。在當時能夠學到詠春拳的，基本上

都是一些富家子弟，詠春拳又被稱做「少爺拳」。而葉問在佛山也僅僅教了六七個人而已，其他同時期的阮奇山等詠春名家也僅傳數人，詠春拳成為一種「不出家門」的秘技。佛山詠春拳，多少年來養在深閨人未識。

及至葉問宗師離開佛山去香港，才開始較大規模地傳授詠春拳。而留在佛山的詠春師父，因當時社會環境所限，沒有機會像葉問那樣公開收費教拳。到了「文化大革命」運動期間，詠春拳和其他中國傳統功夫一樣，遭受被打擊的命運，佛山的師父絕口不提功夫，更遑論教拳了。

這種佛山功夫完全停滯的局面一直持續到20世紀80年代初期，在中國實行改革開放以後，傳統功夫文化才開始得到重生。這時候，開始有少量外國的詠春拳愛好者來

2010年6月《葉問前傳》佛山首映禮

到佛山與本地的詠春師父交流切磋，佛山功夫也開始經常在公園、廣場等公開場所得以見到蹤影。

1986年，佛山精武體育會復辦，開始彙集佛山功夫的各流派，詠春拳也逐漸進入群眾健身的行列。十年後的1997年6月29日，佛山精武體育會專門成立詠春拳傳承發展中心，開始有計畫、有步驟、整體性地發展佛山詠春拳，成為佛山最早最大的詠春拳集中地。

從此佛山詠春拳結束各流派各宗支單兵作戰的零散局面，以一個團體的面目出現在世界武林，顯示了整體力量，為海外詠春同人所尊重。歷年來，佛山精武會詠春拳傳承發展中心舉辦了多次的周年誌慶活動和比賽，接待了眾多外國詠春同人，由此在佛山掀起了學習詠春拳的熱潮。然而，即便是到了2000年以後，詠春拳的知名度還只是局限在佛山、廣州、鶴山等有限地方之內，出了廣東，還是沒有太多人知道詠春拳的，這就是前面所提到的笑話的時代背景，因為所有的裁判都沒見過詠春拳，所以把小念頭拳當成了普通的熱身動作。

2008年之後，隨著《葉問》系列電影的成功宣傳，佛山詠春拳一下子被全國人民所熟知，大家都對這種「女人拳」、「少爺拳」產生了好奇。詠春拳火了，佛山紅了，來佛山拜師學藝的中外人士絡繹不絕，佛山師父供不應求，佛山自古特有的武館文化獲得發展和提升的機會。如今中國人都知道葉問是李小龍的師父，詠春拳原來在世界各地擁有極其龐大的愛好群體。昔日的「女人拳」、「少爺拳」，變成了在全球範圍千萬人熱衷的時尚運動。

二、詠春拳有哪些特點

詠春拳作為一種近身搏擊的拳術，簡潔實用，風靡全世界。因為相傳創出詠春拳以及最先使用的是女子，即由五枚師太傳給嚴詠春，故很多特點又與女子的形態有關聯，所以詠春拳又稱「女人拳」。

詠春拳借鑒或吸收了白鶴拳、洪拳、白眉拳等別派拳術的某些特點，個別動作也與某種拳術相同或相似，但並不代表詠春拳是某種拳術派生出來的。詠春拳有其自身獨特的特點，不落窠臼，完全不同於其他拳派的固有體系，是一種獨立發展的、理論全新的佛山功夫。

✿ 短橋窄馬

詠春拳的基本站樁馬步叫做二字鉗陽馬。這種馬步雙腳略寬於肩，雙膝微屈，令身體形成一個等邊三角形。並不像其他拳術的馬步那樣雙腳大開，膝蓋彎曲成90度。中國古代女子如像男子那樣將雙足打開做四平大馬，會被認為有失儀態，極其不雅。況且清朝女子多數裹足，小腳女人以大馬步站立則難以保持平衡。

詠春拳的二字鉗陽馬方便女子以較優雅的姿態站立，另外雙膝略略彎曲內扣，則有助於上身遭受外力時將外力卸掉並保持身體的平衡。而且雙膝彎曲的幅度小，在移動雙腳的時候便可以達到更快的速度。

南派功夫中所謂「橋」即前臂，短橋即是說詠春拳出手時不像其他拳術那樣將雙手拋離身體達到最遠，如有些

拳術的衝拳、拋拳、掛拳、劈拳，等等，出拳線路達到最長。女子如做大幅度的出拳動作儀態不佳，不符合中國傳統觀念對女子的要求。故詠春拳的出手幅度僅僅在以肘作為中樞的範圍之內，線路非常短。

從拳理上說，詠春拳只適合在貼身時做短距離的攻擊，所以動作線路短，利於提高速度，快且節省力氣，這是詠春拳的精簡、經濟的原則。

中門手嚴密

人體自眉心到下陰為身體之中線，詠春拳強調中線防守和中線攻擊。故詠春拳雙手擺放位置始終在身體的中線，所以稱為「中門手」，也叫「曲手留中」。

葉問詠春拳的戒備式「問路手」便是典型的中門手形，雙手一前一後放置，前手肘部歸中手指朝前叫「問手」，後手屈肘手指朝上擋在胸前叫「護手」。兩手將上身緊緊防護，自己的上身由一個易受攻擊的「面」凝縮成問手手指尖的一個「點」，形成無懈可擊的防守姿勢。任憑對方如何進攻，我方均嚴防自己的中線，將對方的手分隔在自己的橋手外側，這樣達到有效封閉自己「空門」（易受攻擊的破綻）的目的。

女子的胸部和臉部最易受到非禮，故女子對胸部和頭部的保護尤為重視，中門手的綿密防護無疑是最好的。

另外，詠春拳出拳的位置都是從胸前心窩處發出，沿「子午線」（即出手位置到擊打目標的直線）擊打，這就是中門手的進攻方式。中線防守和中線攻擊是矛盾的統一體。如日字衝捶，先夾肘至胸前中線，然後肘底發力，拳

頭以直線擊出。這樣出拳走一直線，距離短，速度快。所以詠春拳都是直線進攻，出拳沒有走弧線的。因此，中門手的功法心法叫做「守中用中」。

⚜ 擅發寸勁

所謂「寸勁」，即在極短的距離內（李小龍以一英寸為界定）手由鬆弛狀態透過肌肉緊張而急速爆發出來的力，也叫

（左）浙江弟子李立智（華東無憂堂總監，溫嶺市詠春拳會會長）

「短橋發力」。詠春拳擅發寸勁，一是因為女子在生理上沒有男子般與生俱來的力量，必須使用一種瞬間的殺傷力強的力量制敵取勝；二則詠春拳適合短距離貼身搏鬥，不需要運用長距離的發力方式（長橋發力）。

寸勁實際上是人體的各個關節（手腕、肘部、肩部、腰部、骨盆、膝蓋、腳踝）在脊柱的協調下相互配合瞬間發出的整體勁力，並且從同一方向集中於一點發出。從手臂的肌肉感覺來看，力從肘底發出，在後臂是下面的肱三頭肌緊張，前臂是上面的肱橈肌緊張。寸勁不同於一般的擊打力，訓練不需要依靠舉重、打沙袋這些方式，經常練

習空擊形成身體骨骼整體的協調反而更為有效。

腳不過頭

詠春拳很注重腳法，稱為腳法而不是腿法是有道理的。詠春拳起腳只用足部做攻擊，不用小腿的脛骨，故稱腳法以區別於其他拳術的腿法。

詠春拳的尋橋、標指套路裡面都包含腳法，在木人樁裡更是集中了八式腳法，即正踢、橫掃、下踩後掃、側斜撐左右腳各出四下共八下，腰馬與「八斬刀」配合腰馬和手法，稱為「詠春八腳」。

詠春腳法是「貼身腳」，出腳時雙肩不動，沒有先兆，敵人往往沒有察覺時便已中招，所以也稱「無影腳」（並非黃飛鴻電影中的「無影腳」）。

另外詠春腳法最高只踢到對方的心窩，更加沒有踢到頭或高過頭的，蓋因詠春拳貼身追逼，無須亦沒有空間使出高腳。而認為以前因女子著裙，起腳過高易春光乍泄，故詠春腳法亦稱「裙底腳」，戲說或實戰皆有道理。

打手即消手

防守和進攻是一對矛盾，但是詠春拳強調攻守同時。很多拳術都是當對方打來，先以一手抵擋，然後再伺機進攻，這是一種被動防禦方式。而詠春拳則一手抵擋的同時，另一手已經進攻，如攤打、標打、按打等技法，兩手分別同時做不同效用的動作，運動軌跡也不同，也可以說是一心二用。這種技法就是消去對方力道的同時施展打擊，即是消打同時。

另外,詠春拳發出攻擊時,亦利用自己的橋手在對方意想不到的角度封住對方的橋手,令對方進攻無法奏效,而我方卻能滲透進到對方的空門實施擊打,即以攻對攻,以攻為守。

這是詠春拳法裡面非常巧妙的「打手即消手」,是一種快速的主動防禦。

🔶 不以力鬥力

既然女子無法與男子在力量上等量齊觀,那麼「女人拳」之稱的詠春拳就不會崇尚力大拳重,而是研究如何借力打力、以巧破力。這就是為什麼會詠春拳的小女子可以打敗只會用蠻力的大男人的原因。

在詠春心法裡,有「來留去送,甩手直衝」的口訣。所謂「來留」,即對方朝前向我方打來,我方以攤、伏、膀、標、窒、按等手法順著對方力的方向「接住」並「留住」對方橋手,令對方的勁力停滯,而並非用力量橫向格擋或發力頂住和推開對方;「去送」就是感覺對方力道回收或後撤時,我方只須順其自然往前推送,並貼身追逼,「送」他一程。

「甩手直衝」的意思是,當雙手橋手接觸相峙時,對方橋手忽然改變線路,以圈手或其他弧線形手法意欲轉換攻擊點時,我方只須毫不猶豫地以手向前直衝,走直線先於對方而擊中。如同一張弓,弓背是彎的,弓弦是直的,對方拳路「走弓背」,我方出手「走弓弦」,我方必先到達對方身體而實施有效擊打。

「來留去送,甩手直衝」說起來容易,做起來很難,

需要雙手接手的瞬間，就感知對方力的方向，將對方「流動」的力加以「引導」，進而控制對方的運動，而達到料敵先機、後發先至的境界。

這需要自己全身的感官特別是橋手的知覺非常靈敏，並以有效的步法輔助才能完成，沒有持之以恆的訓練是達不到這種境界的。

蛇行鶴步

詠春拳據傳是五枚師太看到蛇鶴鬥法而悟出的，所以詠春拳裡包含有蛇和鶴的兩種形態。詠春拳的步法非常獨特，如蛇蜿蜒而行，所謂「拳打直線、腳走曲線」。詠春拳秘傳的步法叫做「梅花步」，取梅花五瓣，花蕊中心向花瓣五點輻射，暗合中國「五行」原理相生相剋之道，即「腳踩梅花」。

梅花步施展時，兩腳在梅花形五點中的兩點變換，但腳移動在離地時必走弧線。這樣移動方向變幻莫測，為的是不讓對手輕易察覺自己下一步的走向，或者在用腳法時以其意想不到的角度擊中對方。如果是直線移動或起腳則較易被對方封堵。

詠春拳行走的線路雖然是效法蛇形，但整體站立時則像一隻仙鶴。無論是鉗陽馬、坐馬，還是丁字馬，都應像鶴般輕靈而穩健，配合手形和腳法，效仿仙鶴的氣度。詠春拳並不是如蛇拳、鶴拳、猴拳等的象形拳，不追求動物本身的外形，而是融入動物運動的法度來作為拳法，因此，可算是仿生學在功夫方面的早期應用。

三、練習詠春拳要遵循什麼章法

由於詠春拳的拳法拳理獨樹一幟，體系與眾不同，愛好者在初學的時候如果在以下方面有所瞭解，那一定會有助於自身的提高。

◈ 建造框架，重視小念頭拳的基礎訓練

小念頭拳是詠春拳的框架。不要小看小念頭動作簡單，要做好並不容易。練習小念頭主要要達到以下目的。

1.習慣在二字鉗陽馬狀態下的正確出手姿勢

練習小念頭由始至終，以二字鉗陽馬為站姿，兩腳不動，是為了令練習者專注於兩手的動作。

詠春拳的最具代表性的手形攤手、伏手、膀手，看似簡單，但蘊涵詠春拳「短橋窄馬」的特點和「守中用中」的法度。反覆練習小念頭，對於培養正確的手形和使用身體中線的意識具有無可替代的作用。

另外，二字鉗陽馬亦是詠春拳特有的站樁步，鉗陽馬是一個對外力產生卸力的站姿，而對於舒展足三陽經絡、增強下肢力量等均大有裨益。

2.習慣肘底發力練習寸勁

在小念頭裡拳、掌、指都有，每打一下落點要清晰，發力要乾脆。特別是詠春拳的寸勁，不同於一般的發力。在鉗陽馬狀態下，以脊柱為中樞，肩部、肘部、腕部聯

動，在不送肩的情況下，由胸前中線肘底發力打出寸勁。

3. 氣力雙修

佛山有不少師父認為詠春拳屬於南派的內家拳，就是因為常練小念頭能夠促進氣血的運行，這大概是在練習小念頭時心無雜念、精神放鬆，鉗陽馬令脊柱解除壓迫，行拳時緩慢出招令氣血在周身流動，配合呼吸，意隨氣轉。

據說葉問宗師當年練習小念頭時動作緩慢、氣定神閑，完成需時近十分鐘，好像做了一套養生氣功。當然，如果是用於表演，則需要加快速度表現勁力皆可，否則觀眾看得可要睡著了。

小念頭是所有老師父從年輕時打到老的至愛功夫，可見小念頭是多麼的重要。詠春拳學得像不像，功力如何，行家看看打小念頭就知道了。

混搭「積木」，培養出手成招的意識

詠春拳來來去去只有小念頭、尋橋、標指三套拳，可觀性也不強，但是不中看的往往是最中用的。詠春拳沒有高踢腿，沒有轉身，更沒有騰空、劈叉等高難度動作，甚至連弓步、撲步和金雞獨立步也沒有。招式上只有衝捶、攤手、按手、膀手、標指等再簡單不過的名稱，不像其他拳術那樣有玉女穿梭、蘇秦背劍、手揮琵琶、目送秋鴻等充滿詩意的招式。

學習三套拳的過程其實非常悶，但是當你領悟到三套拳的用法時，你就會感受到出手成招的樂趣。

詠春拳好就好在套路中的招式都可以獨立成招。其實在

練好小念頭套路的基礎上，就可以分拆套路裡的動作來練習實戰了。

學了小念頭就能打，這是每個師父對弟子的要求。

詠春拳的教學要破除套路觀念，所謂三套拳只是讓弟子遵循一定的晉升階段學習且方便記憶而已，真正用起來是分拆後又重新組合的。

作為師父主要是教授徒弟每一種套路裡的有限動作是如何應用的，不可能將所有實戰中的變化和應對都列舉出來。徒弟要用腦子來學習，要學會將招式從套路裡抽離出來，你喜歡怎麼抽離都可以，因為詠春拳套路裡沒有什麼過渡的多餘動作，這就是詠春拳套路的「積木」屬性，基本的每一種手形、馬步、步法、腳法就是一塊塊「積木」。在運用時，你可以任意組合，也像搭積木一樣，做到隨心所欲、出手成招。

學詠春拳就像學游泳，有時候可能你老是覺得學不會，但是不要放棄，堅持練習並多思考，很可能某天忽然靈光一現，一理通百理通，就自然得心應手而且怎麼也不會忘記了的。

所有詠春高手出招根本看不出哪一招是來自尋橋，哪一式是屬於標指，而是「混搭」的。

詠春拳裡沒有必殺技或絕招，你自己喜歡哪一種招式並練得最好就是你自己的絕招。世界上沒有最好的功夫，只有最適合自己的功夫。

詠春拳招式本身不難學，培養實戰中遇到外來抗力的情況下還能應用自如的能力才是最難的。出手成招，這才是功夫追求的目標。

各取所需，籌畫好自己的學習計畫

　　前面兩點是學習詠春拳的具體而微的問題，但是我想說的是，我們學習一種技藝或者文化，需要一個自身的規劃，這是一個宏觀的問題。很多朋友會有同一個疑惑：「詠春拳需要學多久才能學好？」這個問題沒有標準答案，跟每個人學功夫目的不同而應有不同的時間，所以自己的學習計畫要籌畫好，千萬不要跟風趕時髦。

　　詠春拳今日所學今日可用，只要抱著學以致用的態度，時間長短不是什麼大問題。但切忌三天打魚兩天曬網，斷斷續續，學完不練，放諸腦後，這樣時間過了，功夫卻不見長進。堅持練習的時間越長，功力越深厚這是必然的。毅力和恒心很重要。

　　假如一定要給出一個時間表的話，那麼，無憂堂的三年制培訓經驗可以給你提供一個參考。

　　首先假定你是完全沒有任何功夫基礎的成年人，一週三次的上課時間，每次兩小時。在沒有集中上課的日子你堅持每天練習半小時以上。那麼在30天裡，你完全可以學會本書的內容，但是必須有兩個月的時間來重複訓練。

　　在三個月後，你會熟練掌握小念頭拳的套路演練和用法，以及連環衝捶、按打、攤打等簡單組合，以及步法、腳法和初步的黐手技法，初步具備自身防衛能力，一般人想欺負你並不容易。這個時候，如果你想參加功夫表演，你的小念頭也像模像樣了。

　　半年後，你應該熟練掌握尋橋的套路演練和用法，你已經具備較好的正當防衛能力，想欺負你的人不但討不到便

宜，你還可以奮起反擊。這時候你將尋橋用於表演，效果更好。如果要參加比賽，可以參加友誼切磋式的非正式對抗，你是完全不需要懼怕的。

我的加拿大女弟子李雪晴就是在半年裡學完尋橋後去泰國旅遊，信心滿滿地報名跑上擂臺跟泰妹交手，詠春對泰拳，在打得正過癮時被裁判拉開宣佈和局。

一年後，標指也學會了，黐手逐漸熟練，此時的你已經能感受到詠春拳的無窮樂趣。表演對你來說已經是小菜一碟。如果你要參加正規的比賽，這時候也是個好時機。但是比賽前兩個月要進行針對性訓練，特別是體力，因為對抗性比賽一般都要打兩三場，每場三個回合，每個回合起碼3分鐘，這種有規則有保護措施的比賽跟在安全危機中的生死搏鬥是兩回事，體力很重要。當然適合比賽的專門膳食必不可少。我的美國弟子雷震天在學了8個月的詠春後，跟我征戰馬來西亞詠春擂臺賽，結果拿了個重量級的金腰帶回來。

學完三套拳，你還可以成為一個助教，以師兄或師姐身份教師弟或師妹小念頭了。

接下來，假如師父肯教你的話，你應該花三個月的時間熟練掌握木人樁法。這時候你已經對黐手或自由對練很熟練，你應該具備出手成招的初步能力，開始講究巧妙的技法變化了，不會一味地以力鬥力。即便應對只有蠻力的對手，你能在短時間實施壓制性的打擊。假如不幸遇上犯罪行為，你也能在對方利器的威脅下全身而退，甚至將其擊倒。一年半，你完全可以成為一個同齡人中的高手，這對於傳統的練功過程來說已經是很神速的了。

接下來半年的時間，你可以學習八斬刀和六點半棍，

以便在表演的時候多一些才藝。另外你可以練習蒙眼黐手、詠春短棍術以及空手入白刃等高級技巧，如果你夠勤奮的話，在第二年結束你已經具備出手成招的完全能力了，你不光可以晉身為一個本門的高手，還對拳理有較深的認識，恭喜你，你可以成為一個師父了。

在第三年裡，你還是有很多知識需要學習，一是在做師父的同時，對以前所學進行溫故而知新。一個高手不等於一個好師父，會打會教並培養出優秀弟子的才算真正的「出手成招」。同樣地，在你做師父的第一年裡，你應該教出一個具備比賽拿獎能力的弟子。第二你要學習理財、行銷、策畫、組織等管理能力，甚至要掌握使用電腦、簡單的英語、駕駛等現代交際能力，並積極參加社會服務活動積累人脈和口碑。

於是，當三年過去你滿師「下山」的時候，你已經具備當館長的能力了，你可以自己創業擁有自己的學校，或者憑藉這些特長贏得更好的職業。

更重要的是，你在三年裡完成了一個人生蛻變，正如同我的洋弟子們所說，完成了人生中一件有意思的事情：得到了健康的身體，掌握了自身防衛的能力，感受了功夫文化的精彩，無論是做師父還是做弟子都融入了一個沒有親緣關係的大家庭，這種精神上的滿足和愉悅是無法用語言形容的。

如此三年，僅僅是作為一個給初學者參考的時間表，能讓年輕人看到一個具體的目標，知道達到何種程度與付出多少時間和經歷都是成正比的道理。實際上，假如你對詠春拳沒有興趣，沒有時間只是藉口。對於已經把功夫當

成生活的一部分的佛山人來說，這個時間表就是一輩子。做自己喜歡做的事情，怎麼會嫌時間長呢？

所以，學習一種值得傳承的功夫，我們應該享受過程而並不要太注重未來結果，做好自己的人生籌畫，各取所需，愉快地過獨具魅力的武生活，收穫都是屬於自己的。不是每個人都有能力成為館長或世界冠軍，也不是所有人都有當功夫明星的機會，或者你家庭很富有，或者你很有社會地位，但是名利可以成為功夫的終極嗎？大家就把學習功夫當成一種挑戰自我提升自我價值的生活吧！

在功夫的大門前，無論你是開著寶馬車還是騎著自行車來，大家的起點都是一樣的，達者為師。什麼叫做功夫？日積月累的個人造詣就是功夫！

第三部分

必須常練的詠春拳基礎動作

「基礎」，這是一個平凡卻又常見的詞。

人的一生，無論生活、工作，都離不開這個詞，關於『基礎』重要性的格言警句也不勝枚舉。

如果你問，學詠春有沒有捷徑？

那麼請先自問一下，一座地基不牢、偷工減料的高樓你敢住嗎？

其實，從零開始，打好基礎就是最好的捷徑。

本篇講解的是詠春拳的基礎入門單招。

基礎簡單，我學會後是否還有必要常練？

別忘了，熟能生巧。

一、詠春拳的手形與步形

詠春拳的手法多樣，特別注重與步法的結合。

如果說手法與步法是詠春拳技法的基礎，那麼手型與步型則是手法、步法的基礎。

任何功夫體系都是由基本的手型、步型組成，假如初學者貪快而忽略這些基本動作，則往往會影響學習套路的效果。

所以，我們有必要先來瞭解詠春拳的基本手型與步型。

手型分為拳、掌、指三種；步型有二字鉗陽馬、坐馬及T字馬。

拳　形

日字拳，因拳型的正面猶如漢字的「日」字而得名。北派長拳中，拳型有平拳和立拳，食指與拇指捲曲包圍形成的「眼」叫做拳眼，拳眼向上為立拳。詠春拳的日字拳拳型與長拳的立拳相似，唯發力方位、用勁法度不同。

◎**動作步驟：**食指、中指、無名指、小指向掌心彎曲併攏，大拇指彎曲，大拇指的第一截扣壓在食指和中指的第二截外側。

◎**動作要領：**食指、中指、無名指、小指與手掌相連的第三截組成拳面，拳面要平。大拇指彎曲成90°。輕握拳頭，未發力時肌肉放鬆。拳頭應擺在胸口中央。

◎**易犯錯誤：**拳面不平；大拇指未扣壓在食指和中指

正面

的第二截外側；食指和中指將大拇指包在裡面；拳頭握得太緊。

掌　形

詠春拳的掌法很多，但基本掌型只有一種，類似於長拳的柳葉掌，但詠春拳中掌的發力點在掌根或掌側。

◎**動作步驟：**

[1]食指、中指、無名指、小指伸直併攏；

[2]大拇指彎曲成90°。

◎**動作要領：**手掌應擺在胸口中央。

◎**易犯錯誤：**食指、中指、無名指、小指未伸直未併攏，手指叉開；大拇指伸直未彎曲成90°。

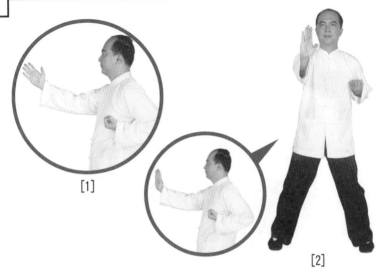

[1]

[2]

指　形

在詠春拳三大套路裡面，都有標指的動作，力貫指尖，發力點在手指的最遠端。

正面　　　　　　　　側面

◈**動作步驟**：將掌形掌心向下即為指形。

◈**動作要領**：手指應擺在胸口中央。

◈**易犯錯誤**：食指、中指、無名指、小指未伸直未併攏，手指叉開；大拇指伸直未彎曲成90°。

二字鉗陽馬

二字鉗陽馬是最能體現詠春拳特點的站樁步。不同詠春流派的鉗陽馬呈現不同的形態，在這裡只介紹葉問詠春拳的主要站法。

◈**動作步驟**：

[1]雙腳自然站立，雙拳抽收至胸膛兩側；

[2]雙膝彎曲，身體垂直下沉；

[3、4]左腳前腳掌往前往左畫半圓，腳尖朝前；

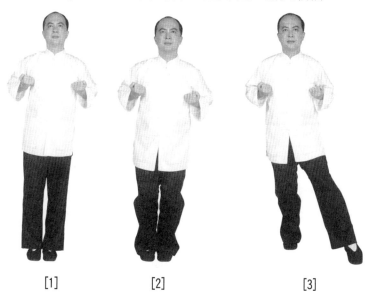

[1]　　　　　　[2]　　　　　　　[3]

[5、6]重心移至左腳，收右腳至左腳內側；

[7、8]右腳前腳掌往前往右畫半圓，腳尖朝前；

[9]重心移至兩腳中央站定，雙膝內扣，兩腳尖平行朝前與漢字「二」字相似，故名。

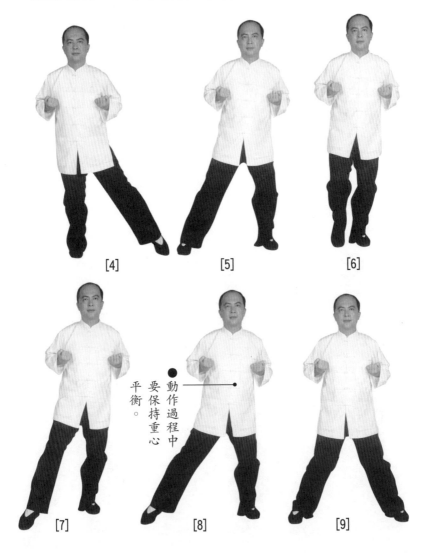

[4]　　　　　[5]　　　　　[6]

●動作過程中要保持重心平衡。

[7]　　　　　[8]　　　　　[9]

◆**動作要領**：當某側腳掌移動畫弧線時，注意重心的轉換；腳畫弧線至最後時，發力點在腳跟；上身保持中正，腰椎垂直；整個身形猶如三角形。

◆**易犯錯誤**：兩腳腳跟緊貼或距離過短；重心落在前腳；目光轉向右側或左側。

師父曰：

鉗陽馬還有種別稱叫做「鉗羊馬」，說是用這種馬步可以把一隻羊夾騎而羊掙脫不了，甚至此橋段被港產片採用，但現實中沒有人這麼練。

坐　馬

一種便於移動的馬步，早期英文名直譯為 Sitting Horse Stance，方便洋弟子望文生義。

◆**動作步驟：**

以左坐馬為例：

[1、2]開馬，呈二字鉗陽馬；

[3]身體重心瞬間右移，以右腳為支撐，同時左腳提起，腳尖內扣45°落地；

[4]身體重心瞬間左移，以左腳為支撐，同時右腳提起，腳尖外擺65°落地，轉腰、側身，重心落在兩腳的中間。

◆**動作要領**：兩腳前後交替提起，但不能離開地面太高，注意重心的轉換，上身保持中正，腰椎垂直；以腰力帶動腳的轉換，雙眼始終目視正前方，右坐馬的方法同左坐馬一樣，只是動作方向相反。

[1]   [2]   [3]

◆**易犯錯誤**：兩腳沒有提起，只是貼著地面旋轉；重心轉換時偏移過大，使身體失衡；上身前俯或後仰；腰部轉動成側身時，頭也跟著轉動，眼睛看著側面。

師父曰：

鉗陽馬是完全見面的馬步，坐馬則是側身運動的馬步。坐馬在一些詠春派系中也叫做偏身馬。

目光始終注視前方。

[4]

T字馬

顧名思義，兩腳成英文字母T字擺放，方便洋弟子意

會。佛山老師父習慣說「丁」字馬，含義相同。

◎**動作步驟：**

以左T字馬為例：

[1]開馬，呈二字鉗陽馬；

[2]身體重心移至左腳，右腳腳尖畫著弧線向後拖動；

[3]右腳移至左腳腳跟後站定，腳尖朝右，上身向後坐，重心移至右腳，兩腳呈「T」字形，雙眼目視前方。

●目光始終注視前方。

[1]　　　　　　　[2]　　　　　　　[3]

◎**動作要領：**右腳內側與左腳腳跟的距離約一個腳掌的長度，上身稍右轉；右T字馬與左T字馬的方法一樣，只是動作方向相反。

◎**易犯錯誤：**兩腳腳跟緊貼或距離過短；重心落在前腳；目光轉向右側或左側。

二、詠春拳的手法

俗話說，南拳北腿。詠春拳作為典型的南派功夫，其手法靈活多樣、獨樹一幟。

詠春高手的雙手知覺靈敏且變化多端，防守時密不透風、滴水不漏；進攻時如水銀瀉地、逢空即入。

問路手

葉問詠春標誌性起手式，取詢問試探之意，故稱「問路」。英文名為 Guard Pose，即「警戒式」。前手稱為「問手」，後手稱為「護手」。

◈**動作步驟：**

以右問路手為例：

開馬，呈二字鉗陽馬；雙拳變掌，同時從胸前的中線位置向正前方伸出，右手在前，肘部稍微彎曲，手指指尖略向上斜，呈問手，左手在後，掌心與右手手臂內側相對，指尖朝上，呈護手。

◈**動作要領：**問手的肘要歸中，要處在胸前的中線位置，手掌稍稍上斜，指尖指向對方的眼睛；護手側立於問手的肘窩處；目光越過問手的指尖射向對方，觀察對方的動靜；兩手互換時，護手從問手的上方伸出形成問手，而原問手在下方收回成護手。

◈**易犯錯誤：**問手的肘外張，沒有歸中；問手擺放的位置太低，手指指尖沒有斜朝上。

●問手

●護手

正面　　　　　　　側面

師父曰：

「中線位置」在哪裡？以人身體來說，可想像爲從眉心開始畫一直線至兩腿中間虛擬中線位置即爲中線位置。「歸中」則是指手從其他位置回歸到中線位置，在中線位置發出的手法叫做「中門手」。

日字衝拳

連環衝拳就是日字衝拳的連續、重複擊打，以加大攻擊頻率讓對方無還手之力。因為《葉問》電影，繼問路手之後，連環衝拳成為葉問詠春拳的又一招牌動作。

◎**動作步驟：**

[1]開馬，呈二字鉗陽馬；

[2、3]左手臂與胸側夾緊，肘部伸展將前臂送出，拳頭置於胸前的中線位置，拳面朝前，肘底發力運勁於拳面

[1]　　　　　　[2]　　　　　　[3]

直線打出，整個手臂伸直。

◈**動作要領**：拳頭在運動時放鬆，在擊打到位的瞬間握緊；保持拳頭直線打出並擊打在同一點；鎖緊手腕，令拳頭和前臂呈直線；兩肩保持平衡。

◈**易犯錯誤**：肘向外張；擊打時屈肘；兩手擊打位置分處兩點；左右送肩、轉腰。

師父曰：

　　葉問的徒弟裡連環衝拳最快的是張卓慶，他在1983年於美國哈佛大學的試驗中創造了一秒鐘擊出8.3拳的世界紀錄，至今該紀錄仍被保持。

攤　手

　　攤手是用來化解對手攻勢的動作，屬於長橋發力。

◈**動作步驟：**

以左攤手為例：

[1]以二字鉗陽馬為起式；

[2]右拳變掌，掌心向上；

[3、4]右手夾肘，以肘底發力，運勁於指尖，手掌經過身體的中線位置朝前斜向上攤出，雙眼目視前方。

◈**動作要領：**雙肩保持平衡；屈肘歸中；攤手後，前

[1]　　　　　　[2]　　　　　　[3]

[4]　　　　[4]側面

臂、手腕、手掌、手指呈一直線；手指指尖的高度在下頜
與鼻尖之間。

◆**易犯錯誤：**肘部外張；整個手臂伸直；屈腕，使手
掌與前臂成夾角彎曲；掌心傾斜未朝上；手指叉開；前臂
沒有在身體的中線位置。

膀　手

因為狀似白鶴亮翅而得名。膀手起肘、落手的動作與
攤手剛好相反，所以攤手和膀手相互轉換來做最好。膀手
是純消解的動作。

動作步驟：

以右膀手為例：

[1]開馬，呈二字鉗陽馬；

[2、3]右拳變掌，掌心向上，手臂保持屈肘向上抬
起，同時手腕翻轉，令掌心向內；

[1]　　　　　[2]　　　　　[3]

●前臂與手掌成斜下直線。

[4]　　　　　　[4]側面

[4]肘部發力，向斜上方揚起，手腕內旋使掌心斜朝外，手指朝前斜向下插出。

◈**動作要領：**肘部向上揚起，肘尖略高於肩頭；前臂、手腕、手掌和手指成一直線，與地面成約45°角；手掌正對身體的中線位置。

◈**易犯錯誤：**手指高過肘尖；手腕、手指彎曲；手掌偏離身體的中線位置。

師父曰：

我們平常人遇到攻擊，一般都會有抬起手臂來阻擋的動作，屬於條件反射。詠春拳把它吸收且加以優化了。

正　掌

手指向上為正掌，另有別名叫做如來神掌。

◆**動作步驟：**

以左正掌為例：

[1]開馬，呈二字鉗陽馬；

[2、3]左拳變掌，掌心向上，然後旋轉手腕，令掌心向外、手指向上，手掌放於胸前的中線位置；

[4]以肘底發力，運勁於手掌掌根和掌外側，迅速向身體正前方直線擊出。

◆**動作要領：**手掌從胸前的中線位置擊出；擊時手背與肩膀在同一高度。

◆**易犯錯誤：**手掌擊出時偏離中線位置，左掌偏左、右掌偏右；出掌後手臂沒有呈直線，過高或過低。

師父曰：

你也可以把交警所做表示停止的手勢當做正掌。

[1]

[2]

[3]

[4]　　　　　　　　　　[4]側面

橫　掌

　　將正掌橫放，左掌手指朝左，右掌手指朝右，就是橫掌。橫掌專打下頜或側面。

◆**動作步驟：**

以右橫掌為例：

[1]開馬，呈二字鉗陽馬；

[2、3]右拳變掌，掌心向上，然後旋轉手腕，令掌心斜向前方、手指朝右，手掌置於胸前；

[4]以肘底發力，運勁於手掌掌根和掌外側，朝正前方直線擊出。

◆**動作要領：**手掌靠近身體的中線位置向前方擊出；手腕的高度與肩膀平齊。

◆**易犯錯誤：**手掌擊出時偏離中線位置，左掌偏左、右掌偏右；手臂過高或過低。

[1]　　　　　[2]　　　　　[3]

[4]　　　　　[4]側面

按　手

　　詠春實戰中的控肘技術基本上依賴於按手，它屬於鉗制類的手法。按手發出的力要很強勁。

◎**動作步驟：**以左按手為例：

[1]開馬，呈二字鉗陽馬；

[2、3]左拳變掌，掌心向上，緊接著手腕向內翻轉，令掌心朝下、手指朝右，手掌置於胸前中央位置；

[4]肘底發力，運勁於掌根和掌外側，手掌朝下前方

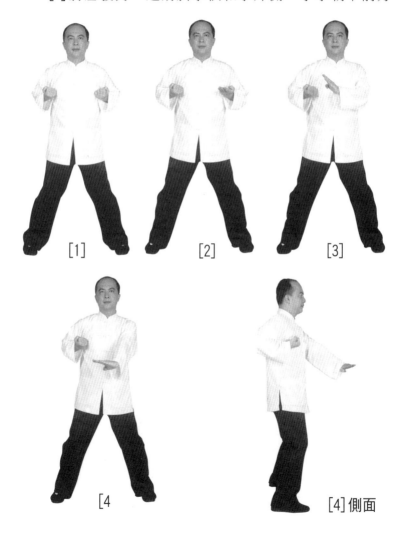

[1]　　　　[2]　　　　[3]

[4　　　　　　　[4]側面

按下，手指指尖朝右。

◆**動作要領**：雙肩保持平衡；發力後，手臂要伸直，手掌掌根在體前約20公分的位置；做右按手時，指尖方向向左。

◆**易犯錯誤**：按手的同側肩膀下塌；動作過大導致彎腰；手臂沒伸直，手指指尖朝前。

疊橋手

兩手平放在下頜以下，屬於防守動作。

動作步驟：

[1]以二字鉗陽馬為起式；

[2～4]雙拳變掌，兩肘張開，前臂伸出，平行放置於胸前，左手在上右手在下或者相反，但兩手間隔在5～10公分，掌心朝下。

[1]

[2]

　　◆**動作要領**：兩前臂在水平方向平行放置；前後臂的夾角不小於直角；上下手腕相對。

　　◆**易犯錯誤**：前臂上下不平行；上下手腕不對稱。

　　師父曰：

　　疊橋手一般很少單獨使用，在套路「小念頭」中會出現，用法奇妙，後面會有講解。

標　手

　　望文生義，標出去的手就是標手。標手用於消解上方而來的攻擊，也屬於長橋發力的動作。

　　◆**動作步驟**：

　　以右標手為例：

　　[1]開馬，呈二字鉗陽馬；

　　[2、3]右拳變掌，掌心向上，接著手腕內旋令掌心朝

[1]　　　　　[2]　　　　　[3]

●手掌與前臂成鈍角。

[4]　　　　　[4]側面

下，同時肘部抬起，手掌平置於胸前；

　　[4]前臂發力，運勁於手掌外側，由胸前斜向上揮出，掌心斜向下。

　　◎**動作要領**：肘微屈，手臂揮擊的幅度不要太大，手指偏向內側；發力點在掌外側，手指放鬆，位置高過眉毛。

◎**易犯錯誤**：前臂、手腕、手掌、手指呈一直線；抬手過低。

師父曰：

標手和標指是不同的。標手是消解動作，標指是進攻手法。標手肘彎曲以橋手和掌外側爲著力點；標指肘伸直，以手指尖爲著力點。

窒　手

窒手跟標手剛好是相反的一對，窒手發力點在手掌內側，即虎口。窒手長短橋皆可發力。

◎**動作步驟：**

以左窒手爲例：

[1]開馬，呈二字鉗陽馬；

[2、3]左拳變掌，掌心向上，左手臂伸出，做成問手；

[1]　　　　　　[2]　　　　　　[3]

[4]　　　　　　　　　[4]側面

[4] 手腕內旋，掌心斜向下，肘底發力向後牽引前臂，屈腕，大拇指內扣，掌根向下挫，手指隨之蹺起。

◆**動作要領**：動作幅度很小，肘部基本不動；發力點在掌根處，手指放鬆。

◆**易犯錯誤**：動作過大，前臂擺動變成下拍手；屈肘時將手掌回收。

師父曰：

窒手的「窒」可作吸附、凝滯的理解，讓對手動作停滯，並跟隨自己的手勢運動。

拍　手

拍手是一種很好的消解對方招式的動作，屬於短橋發力的防守。拍手按照出手方向的不同，分為橫拍手和下拍手。

●橫拍手❶

動作步驟：

以右拍手為例：

[1]

[2]

[3]

[4]

[1]開馬，呈二字鉗陽馬；

[2]右拳變掌，手腕翻轉，令掌心朝左，手指向上；

[3、4]以肩膀、肘底發力，運勁於手掌外側，橫向朝左前側拍擊，雙眼目視前方。

◎**動作要領**：雙肩要保持平衡；屈肘時，前臂保持水平；手掌拍擊後，手掌的外側不需要超過肩外側；拍手的大拇指與身體保持15～20公分的距離。

◎**易犯錯誤**：拍擊手的同側肩膀聳起，動作過大，導致腰部轉動；目光隨拍手的方向移動，拍擊時手指向下甩。

師父曰：

所謂「橋」即指前臂。肘部伸展使橋手到達身體的遠端，即長橋；肘部保持彎曲，橋手在身體近側運動叫短橋。無論長橋或短橋均需練習「肘底力」。

●下拍手❷

動作步驟：

以左下拍手為例：

[1]開馬，呈二字鉗陽馬；

[2、3]左拳變掌，掌心朝上，然後手腕翻轉，令掌心朝下，手指朝前，手掌置於胸前的中線位置；

[4]緊接著肘底發力，運勁於手掌外側，迅速向前下方拍擊，手臂伸直，手指朝前。

◎**動作要領**：雙肩保持平衡；下拍後，手臂要伸直；拍手的手掌

[1]

[2]　　　　[3]　　　　[4]

根在身體前方約20公分的位置。

　　◈**易犯錯誤**：拍擊手的肩膀下塌；動作過大導致彎腰；拍擊手的手指朝右或朝左。

　　師父曰：

　　按手與下拍手是不是容易混淆？下拍手夾肘，按手張肘；下拍手手指朝前，按手手指朝左或朝右。

捋　手

　　又抓又拉，抓中有拉，拉中有抓，叫抓手不盡義，叫拉手不完全，還是沿用粵語：捋（ㄌㄚˊ）手。

　　◈**動作步驟：**

　　以右捋手為例：

　　[1]開馬，呈二字鉗陽馬；

　　[2、3]右拳變掌，肘部發力帶動右手前臂內旋，同時

●短橋發力

[1]　　　[2]　　　[3]

[4]　　　[5]

手腕抬起，手掌斜向上自胸前探出，掌心朝前；

　　[4、5]右手迅速向前伸出，同時五指張開，緊接著抓成拳頭，隨後肘底發力向下牽引，拳頭收於胸前。

　　◎**動作要領：**「抓」和「拉」的動作同時進行，合二

為一；實戰時，抓的時候以手掌外側為接觸點。

◎**易犯錯誤：**只抓不拉；肘部外張，抬起過高。

殺頸手

望文生義，以手為刀，像刀砍在脖子上的樣子，叫做手刀也成。

◎**動作步驟：**

以右殺頸手為例：

[1] 在二字鉗陽馬的基礎上，右拳變掌，右手屈肘，前臂置於胸前，手掌在頸部位置；

[2、3] 右手手掌下沉經過腹部朝右側甩擊，先以前臂發力，肘部伸直後傳力至手掌外側朝斜向上砍擊。

◎**動作要領：**手掌甩出要迅速有力；掌心朝下，以掌外側邊緣砍擊。

[1]　　　　　　[2]　　　　　　　[3]

◎**易犯錯誤**：向下斜砍，力量止於前臂，未傳遞到掌外側邊緣。

耕攔手

雙手組合的動作，用於截擊和攔截，需配合坐馬。上手為耕手，下手為攔手。

◎**動作步驟**：

以左耕手為例：

[1]以二字鉗陽馬站立，做問路手，左手為問手，右手為護手；

[2、3]二字鉗陽馬右轉，呈左坐馬，左手腕旋轉令掌心斜向上，接著以肘底發力，運勁於前臂由左上往右下擊打（為耕手）；與此同時，右手下沉，手指向下，運勁於前臂由腹部向右前方攔擊（為攔手）。

●耕手

●攔手

[1]   [2]   [3]

◎**動作要領**：耕手和攔手同時發力，同時到位完成；兩手的手指、手掌、手腕、前臂呈一條直線；耕手屈肘，攔手直肘或微屈；兩手空隙儘量縮小，但無須接觸。

右耕（手）左攔（手）的動作方法相同，但需左右手互換，轉馬成右坐馬。

◎**易犯錯誤**：兩手動作不同時；兩手空隙過大；手做成按手。

師父曰：

「耕」是粵語的同音取字，與農田耕作無關。本應作「逕」，用前臂或小腿斜向硬撼對手之意，如「逕手」、「逕腳」。佛山師父多寫作「耕」，約定俗成。耕手分為上耕手和下耕手，為教學方便將下耕手稱為「攔手」，更易理解。

捆　手

用於攔截的雙手組合動作，上擋下攔；上手為攤手，下手為膀手，需配合坐馬。

◎**動作步驟**：

以左捆手為例：

[1]在二字鉗陽馬的基礎上做問路手，左手為問手，右手為護手；

[2、3]二字鉗陽馬左轉，呈右坐馬，左手腕旋轉令掌心斜向上，接著以肘底發力，夾肘歸中，運勁於前臂由胸前向上做攤手；同時，右肘抬起，手腕下沉，手指向下，轉腕運勁於前臂向左前方做膀手。

●攤手

●膀手

[1]　　　　　[2]　　　　　[3]

◆**動作要領**：攤手和膀手同時發力，同時到位完成；兩手的手指、手掌、手腕、前臂呈一直線；兩手均屈肘，但攤手的肘下沉，膀手的肘上挺，兩手空隙儘量縮小，但無須接觸；膀手的手腕在攤手的肘底；右捆手的動作方法相同，但要求左右手互換，轉馬成左坐馬。

◆**易犯錯誤**：兩手動作不同時；兩手的間隔過大；膀手的肘未抬起。

三、詠春拳的步法

為什麼嚴詠春這個小姑娘可以打敗昂藏七尺的惡霸？

因為嚴詠春會五枚師太教的梅花步。

為什麼年輕力壯的葉問為年老的師伯梁碧和輕易所敗？

還是因為梁碧和在父親贊先生那裡繼承了梅花步。

步法，是身體移動的章法。

本門步法以梅花步為基礎，強調輕靈活變、搶點食位。

當你的力量不足以與對方抗衡的時候，步法會幫到你，避實擊虛，以弱勝強。

圈腳開馬

圈腳開馬簡稱圈馬，是梅花步的基本動作。

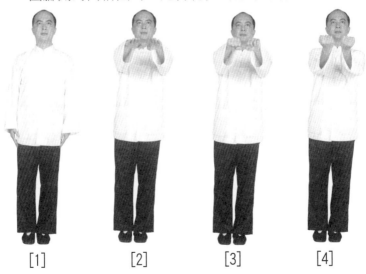

[1]　　　[2]　　　[3]　　　[4]

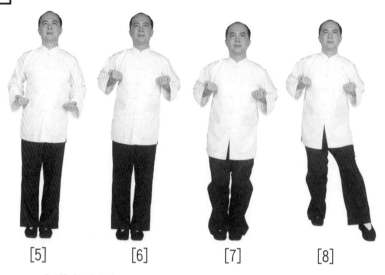

[5]　　　　　[6]　　　　　[7]　　　　　[8]

◎**動作步驟：**

[1～6] 身體挺直，雙腳自然站立，雙手握拳抽收至胸膛兩側，拳心朝上；

[7] 雙膝彎曲，身體垂直下沉，雙拳位置保持不變；

[8、9] 左腳腳掌貼著地面向前伸出，往左邊畫半圓，腳尖朝前；

[10、11] 身體重心移至左腳，收右腳至左腳內側；

[12、13] 右腳腳掌貼著地面向前伸出，往右邊畫半圓，腳尖朝前；

[14] 身體重心移至兩腳間，雙膝內扣，兩腳腳尖向前、平行；上身挺直，雙眼目視前方。

◎**動作要領：**當某側腳掌移動畫弧線時，注意重心的轉換，腳掌畫弧線至最後時，發力點停留在腳跟；上身保持中正，腰椎垂直；雙拳始終放在胸膛兩側，拳心朝上；整個身形猶如三角形。

[9]　　　　　[10]　　　　　[11]

[12]　　　　　[13]　　　　　[14]

◎**易犯錯誤**：腳尖過度內扣導致呈內「八」字形狀，或外擺呈外「八」字形狀；雙膝散開未內扣；上身前俯，臀部翹起；上身後仰。

鉗陽馬轉坐馬

鉗陽馬轉坐馬簡稱轉馬，最與眾不同的特點就是兩腳離地先後轉動，便於身位移動。

◈**動作步驟：**

以右坐馬為例：

[1]開馬，呈二字鉗陽馬；

[2、3]重心瞬間左移令右腳提起，右腳腳尖內扣45°落地；

[4、5]重心瞬間右移令左腳提起，左腳腳尖外擺成65°落地，轉腰側身，重心落在兩腳中央。

◈**動作要領：**兩腳先後交替提起，注意重心的轉換；上身保持中正；以腰帶腳，雙眼始終目視正前方。

◈**易犯錯誤：**兩腳未先後提起，同時碾地旋轉；重心

[1]　　　　　　[2]　　　　　　[3]

[4]

[5]

偏落在右腳呈右弓步；重心偏落在左腳呈右虛步；上身前俯或後仰，頭隨身轉動，目光投向右腳腳尖方向。

直線左右進退馬

左右平移的步法。

◆**動作步驟：**

[1] 以左坐馬、問路手為起式，左手為問手，右手為護手；

[2～4] 右腳抬起橫向往右邁步，右腳落地後左腳提起邁步，落地依舊呈左坐馬；

[5～7] 左腳抬起橫向往左探步，左腳落地後右腳提起抽回，落地依舊呈左坐馬，雙手不變。

●右進馬

[1]

●左退馬

[2]　　　　　[3]　　　　　[4]

[5]　　　　　[6]　　　　　[7]

◈**動作要領**：兩腳先後交替提起，注意重心的轉換，但重心始終在同一水平面上平移並落在兩腳中央；左右腳移動的步幅應均等；上身保持中正。如以右坐馬為起式也是同樣的方法。

◆**易犯錯誤**：兩腳做成了上跳步；步幅不均等；重心起伏過大。

直線前後進退馬

前後平移的步法。

◆**動作步驟**：

[1]以左坐馬、問路手為起式，右手為問手、左手為護手；

[2～4]右腳抬起往前邁步，右腳落地後左腳提起跟步，落地依舊呈左坐馬；

[5～7]左腳抬起往後撤步，左腳落地後右腳提起抽回，落地依舊呈左坐馬，雙手不變。

◆**動作要領**：兩腳先後交替提起，注意重心的轉換，但重心始終在同一水平面上平移並

[1]

[2]　　　[3]　　　[4]　　　[4]側面

[5]　　　　　　[6]　　　　　　[7]

落在兩腳中央；移步無論前後，腳步幅應均等；上身保持中正。如以右坐馬為起式，方法是相同的。

◆**易犯錯誤**：兩腳做成了跳步；步幅不均等；重心起伏過大。

圈步進退馬

梅花步的局部，以走弧線畫圈曲線移動。

◆**動作步驟**：

以左圈步進退馬為例：

[1]開馬，呈二字鉗陽馬，雙手做問路手，左手為問手，右手為護手；

[2、3]左腳向右腳內側靠近，再向前邁步呈右坐馬；

[4～6]左腳後撤，先向右腳內側併攏再往左開馬回復到鉗陽馬，雙手不變。

[1]　　　[2]　　　[3]

[4]　　　[5]　　　[6]

◆**動作要領**：支撐腳的腳掌以及膝蓋都隨馬步轉變而
稍微移動；身體重心始終在同一水平面上平移並落在兩腳
中央；上身保持中正。

◆**易犯錯誤**：重心起伏過大；進馬時上身前俯；退馬

時上身後仰。

圈步旋轉馬

旋轉90°方位的步法。

◈**動作步驟：**

以左圈步旋轉馬為例：

[1] 以二字鉗陽馬、問路手為起式，右手為問手，左手為護手；

[2、3] 以右腳為軸，左腳前腳掌貼著地面逆時針後撤呈左坐馬，令身體旋轉90°，右手亦旋轉90°落在右腳正上方，左手護手不變。

◈**動作要領：**腰、步、手的旋轉同時到位；目光始終隨著問手轉移。

◈**易犯錯誤：**旋轉的角度不夠；旋轉時上身後仰。

[1]　　　　　　[2]　　　　　　[3]

四、詠春拳的腳法

詠春說腳法而不是腿法，是區別於北方拳術而言的。

南拳北腿，特別是詠春裡面，七分用拳三分用腳，而且沒有用腿腳攻擊對方頭部的招式，起腳最高亦只是打到心口。

不過，近幾年很多年輕人練習詠春起腳都越來越高了，除了韌帶好，當然還是受了電影的影響，只要能保持平衡，起腳高點兒不是太大問題。

正踢腳

詠春無影腳之一，可以打到對方的腹部或者心口。

◆**動作步驟：**

以左正踢腳為例：

[1] 以左坐馬、問路手為起式，左手為問手，右手為護手；

[2、3] 身體重心移至右腳，左腳靠近右腳內側，抬腳，腳尖鈎起，以腳尖為發力點朝上踢擊；兩手不變。

◆**動作要領：**腳踢的高度在襠部與胸口之間為宜；站立腳微屈，保持上身中正平衡。

◆**易犯錯誤：**踢擊腳沒有先

[1]

[2]　　　　　　　[3]　　　　　[3]側面

靠近支撐腳而直接原位抬腳；上身後仰。

斜撐腳

類似北派武術的側踹，但在詠春裡擊打點高不過膝。

◆**動作步驟：**

以右斜撐腳為例：

[1]以右T字馬、問路手為起式，右手為問手，左手為護手；

[2]身體重心後移，右腳屈膝抬起；

[3、4]身體向左傾斜，重心完全落在左腳，右手下落呈低膀手，右腳以腳掌外側為發力點向右前45°方向踹擊；雙眼

[1]

● 雙眼目視右腳

[2]　　　　[3]　　　　[4]

目視右腳。

　　◈**動作要領：**斜撐腳的高度不超過站立腳的膝蓋；站立腳微屈，保持身體平衡。

　　◈**易犯錯誤：**擊打點過高；上身極度後仰。

橫掃腳

　　詠春無影腳之一，專打對方膝蓋以下脛骨。

　　◈**動作步驟：**

　　以左橫掃腳為例：

　　[1] 以左坐馬、問路手為起式，左手為問手，右手為護手；

　　[2] 身體重心移至右腳，左腳抬起，腳尖鈎起，以腳弓為發力點朝右前方45°掃擊，兩手不變。

　　◈**動作要領：**掃腳到位後，高度不超過站立腳的膝

[1]　　　　　　[2]　　　　[2]側面

蓋；注意保持上身中正平衡。

◆**易犯錯誤**：掃腳過高；上身後仰。

師父曰：

無影腳其實不是只有黃飛鴻會用的。詠春腳法施展時，肩膀不動突然起腳，出腳毫無徵兆，對方已然中招，這就是無影腳！

後掃腳

在圈馬食位到對方腳後掃擊小腿後側的腳法，配合摔法效果尤佳。

◆**動作步驟：**

以右後掃腳為例：

[1]以左T字馬、問路手為起式，左手為問手，右手為護手；

[2]身體重心移至左腳，右腳上前，右手前送，左手後拉；

[3]右腳經左腳內側向前探出，右手在右上方舉起，左手做護手；

[4]右手往前下按，右腳以腳後跟為發力點往右後方回側掃擊，身體稍稍前俯並向左傾斜；雙眼目視右腳跟。

[1]　　　　　　[2]　　　　　　[3]

[4]　　　　　　[4]側面

◆**動作要領**：掃腳到位後，高度不要超過站立腳的膝蓋；站立腳微屈，注意保持平衡；同側手的下按和腳後掃同時到位。

◆**易犯錯誤**：掃腳過高；上身過度前俯。

師父曰：

「食位」是粵語，就是出其不意佔據對方下一步要移動到達的位置。所以粵語很簡練，只用兩個字即可表達。

詠春少女肖嘉麗（左）、劉小娟

詠春解密檔案一：誰家娘子誰家拳

嚴詠春是佛山詠春派公認的始祖，傳說江湖第一女高手五枚將蛇鶴鬥法的拳術教給嚴詠春，此種拳術脫離一般技擊窠臼，以全新的心法冠絕武林，後人以詠春之名來命名此種武功。

由於五枚身負天地會反清復明秘密使命，故叮囑嚴詠春日後勿忘光復漢族基業、以所學武功矢志反清。

有關嚴詠春的事蹟，由於當時沒有歷史文字記載，故只是存在於詠春派的傳說以及武俠小說裡，到了現代，由於有電影和電視，編劇更是發揮了無限的想像力，創作了大量的與詠春有關的作品。在這裡，筆者僅將收集到的嚴詠春有關版本介紹如下，與大家一起分享。

佛山詠春派堅持的版本

佛山詠春派代代相傳五枚師太是詠春拳的創始人。嚴詠春是廣東人，葉問宗師遺文《詠春拳源流》說「先祖嚴詠春氏，原籍廣東」。父親嚴二，母親不詳，可以認為嚴詠春自幼喪母，是嚴家獨女。嚴氏父女從廣東出走，多半是避難，不然誰願意背井離鄉呢？葉問宗師的遺文說嚴二是被人誣陷差點入獄沒命的。為何被人誣陷原因不詳，不過倒是可以推測一個普通百姓若被誣陷為「天地會」成員或暗通「天地會」，那很容易被錯殺枉死的。

在葉問宗師的遺文裡，五枚直接傳拳於嚴詠春。而阮奇山詠春一脈，則說五枚先傳於苗順，苗順傳於嚴二，嚴

二再傳嚴詠春。

　　苗順，可能也叫苗顯，苗顯是誰？就是傳說中苗翠花的父親、方世玉的外公也，位列少林五老，即五枚、白眉、至善、馮道德、苗顯（苗順），是福建九蓮山少林寺在乾隆年間被清兵攻破後逃出的五個頂尖高手。

　　嚴詠春以功夫打敗逼婚的土霸，以此為情節的電影有兩出，1994年的《詠春》（又名《紅粉金剛》），由楊紫瓊扮演嚴詠春，另一部是2010年的《功夫詠春》，嚴詠春由新人白靜飾演。

　　這兩部片子基本上都是取材於葉問宗師那篇著名的《詠春拳源流》遺文，比較忠實地再現了嚴詠春和她的夫婿：梁博儔（在電影裡叫梁博濤或梁伯滔）。但是，前者在武戲裡基本看不到什麼詠春手法，嚴詠春除了開頭站一個鉗陽馬擺了一個攤手後，打的都是其它拳的招式；後者只有五枚動輒教嚴詠春拳術口訣的情節，卻在觀眾口碑裡落下「詠春教學片」的評價。

　　葉問說梁博儔是福建的鹽商，嚴詠春自小就與梁博儔定了娃娃親的（自幼由父母做主，許字福建鹽商梁博儔）。不過佛山其它詠春宗枝的傳說卻說梁博儔是廣東人，不是賣鹽的，而是買賣茶葉的。按道理在清朝鹽業由官方壟斷和採辦，普通百姓販賣私鹽是要入罪的，所以梁博儔是鹽商的可能性比買賣茶葉要小很多。除非梁博儔是「鹽幫」中人，所謂鹽幫是跟官府勾結後特許的運輸販賣私鹽的幫派，但以鹽幫的活動範圍，似乎又不是在福建。

　　鹽幫之興，自漢朝起於江淮流域，販運活動路線分南北和東西兩線，南北以大運河為路線；東西向一般沿長江

詠春俠侶——嚴詠春與梁博儔

直到西北。

　　按照葉問宗師的說法，嚴詠春把詠春拳首先傳給夫婿梁博儔，梁博儔又傳給梁蘭桂（據說是侄子），梁蘭桂傳佛山粵劇伶人黃華寶、梁二娣，之後是梁贊。《梁慎遠堂族譜》記載，梁贊家族始祖梁元定在南宋時在中原經廣東南雄珠璣巷遷往鶴山，據說梁二娣是梁贊的同鄉，那麼梁

蘭桂是不是也同為鶴山人呢？按照詠春拳傳授慎之又慎的傳統，同鄉相傳是極有可能的事情，倘若如此，那麼梁博儔也應該是鶴山人了。

另外，咸豐四年（1854年）在廣東以佛山為中心爆發的天地會「紅巾軍」起義，就有鶴山人梁培友在家鄉領導的一支起義軍，後來梁培友部與陳開、李文茂（粵劇伶人）部會合後一同打到廣西潯州（今桂平）建立「大成國」而封王。天地會中宗親鄉情濃郁，所以梁博儔、梁蘭桂、梁二娣、梁贊和梁培友是族親兼同鄉的機率極大。

阮奇山嫡孫阮祖棠師父寫給我的傳承表中，梁博儔則直接傳技粵劇紅船的大花面錦（陸錦）。看來無論說法如何，最後都指向佛山粵劇紅船子弟。

◈ 「我是山人」小說的版本

說起武俠小說，大家對金庸、梁羽生等的作品都非常熟悉，殊不知早在20世紀三四十年代中國就已經掀起一陣技擊小說的熱潮，其中有一個筆名叫「我是山人」的，撰寫了多部作品，如《三德和尚三探西禪寺》、《洪熙官》系列、《佛山贊先生》等，至今仍影響深遠。我是山人，原名陳魯勁，新會人，早年在佛山出生和居住，是葉問的老街坊。據佛山詠春派霍超師伯說，我是山人曾是他兒時的老師，為寫技擊小說，我是山人在佛山經常去找各門各派的師父如吳仲素、葉問等聊天搜集素材，而霍師伯的啟蒙詠春師父梁福初就給我是山人講過許多武林掌故。

在我是山人的《洪熙官》系列裡，嚴詠春竟然成了洪熙官的老婆！故事是這樣的：乾隆三十二年八月（1767

年），峨嵋派白眉道人首徒高進忠奉乾隆皇帝密旨，與白眉道人和武當派領袖馮道德，勾結清兵，火燒福建九蓮山少林寺。是役，少林英雄三德和尚、胡惠乾、童千斤、李錦綸、年瑞卿、方美玉、方孝玉皆戰死，只有至善禪師、洪熙官、方世

詠春剪紙　鄧燕平作

玉、李翠屏四人逃脫，洪熙官之妻武花雲亦殉難。

洪熙官逃亡到廣東花縣（今廣州花都），遇到賣武的柳迎春，結為夫婦。柳迎春是五枚師太門下徒孫，深造白鶴拳。後來在與白眉、馮道德的戰鬥中，柳迎春戰死，臨死前將自己的好姐妹嚴詠春託付給洪熙官，嚴詠春創出虎鶴雙形拳，嫁與洪熙官，後洪熙官之子洪文定與胡惠乾之子胡阿彪擊殺白眉，報深仇大恨。

《洪熙官大鬧峨嵋山》書中寫道：「嚴詠春是墟中豆腐佬嚴老四之女，年約二十有三，貌美而賢淑，人稱之曰豆腐西施。」原來「豆腐西施」不只是魯迅小時候的街坊楊二嫂，廣東的「豆腐西施」可比浙江的厲害多了。

在書中，柳迎春與嚴詠春是師徒兼閨密，有一段文字很有意思，摘錄如下：「什麼叫迎春派！原來就是白鶴派，後來迎春教授一個女徒曰嚴詠春者，嚴詠春得其秘訣

更參考白鶴搏鬥時之姿態，苦心練習，成為南拳中之拳術大家，即廣東人所謂詠春派之詠春三娘是也。卻原來實自洪熙官之妻室柳迎春所創，後人以訛傳訛，只知有詠春，而不知有迎春，實誤也。但白鶴派亦非創自柳迎春，而創自五枚尼姑者……」陳魯勁言之鑿鑿，倘若當其為真，只怕「詠春拳」要改名為「迎春拳」了。嫁錯人事大，改拳名更大，光憑陳魯勁之言，恐怕如今全世界千萬詠春派弟子斷斷不會答應。

我是山人的技擊小說對後世影響極大，以至於後來許多影視作品都以其小說情節為素材發揮。1994 年的香港電視連續劇《洪熙官》便是角色設置和情節極為相似的一部：洪熙官父親洪亭南是朝廷武官，暗地裡的身份卻是反清復明力量的領袖赤龍，身份敗露後，洪家家破人亡。為了報仇，洪熙官到南少林寺拜師學藝，結識了方世玉，師弟高進忠貪圖利祿，背叛少林，與白眉、馮道德火燒少林寺。五枚、詠春和三德和尚也是劇中的人物。嚴詠春苦求之下，五枚教給嚴詠春一種在梅花椿上練習的拳法，命名為詠春拳。而洪熙官練成虎鶴雙形拳，與嚴詠春結為夫婦誅殺高進忠、白眉、馮道德報仇。

有意思的是，甄子丹在電視劇《洪熙官》裡飾演洪熙官，而在電影《詠春》裡飾演梁博滔，兩個都是嚴詠春的老公。

而後來我是山人在《洪熙官三建少林寺》書中，將嚴詠春改姓說為方世玉侄女方永春（嚴老四是養父）：「而方永春隨小雲尼姑（五枚弟子）再學白鶴拳，亦悉心練習，其後創立永春拳自成一家，與洪熙官之洪家拳，分道

揚鑣，永垂不朽，以傳至今。其後少林弟子，在少林寺中建一永春殿，以紀念方永春，此是後話，暫且不表。」詠春就是這樣變成了永春。

不過，我是山人後來在 1952 年出版的《佛山贊先生》一書裡，在第一回將嚴詠春的夫家做了更正：「但山人據佛山詠春派老拳師吳仲素所述，則方永春另有其人。佛山之詠春派乃詠春而非永春，一字之差，世人乃誤詠春為永春。詠春派拳創自福建豆腐女嚴詠春，嚴詠春傳於其夫梁博球⋯⋯」梁博球，就是梁博儔的諧音。

陳魯勁最終還是親手還原了詠春拳的真相。並在自序中特別聲明：「山人幼從詠春派名手吳仲素葉問兩師父遊，兩師皆為詠春派師父陳華順之高足（即找錢華），故於詠春派之源流歷史，知之亦最稔⋯⋯本書材料，蒙兩師之指導良多，事皆信而有徵，非憑空虛構者可比，讀者諸君，幸留意焉。」

香港電視另一版本

香港無線電視在 1987 年播出 20 集的電視劇集《少林與詠春》，由民間流傳之南少林英雄故事改編而成，劇情如下：

奸臣和珅毒計消滅少林，為洪熙官之子洪文定洞悉向三德和尚求助，沿途被和珅的殺手追殺。和珅因私怨而誣陷朝廷將軍梁柏滔，抄斬梁家，只得梁家獨子梁世顯逃脫，得粵劇戲班班主女兒嚴詠春收留。和珅派其子敬德追殺梁世顯，遇上嚴詠春，產生愛意，而嚴詠春卻只鍾情梁世顯。和珅下令盜取少林秘笈，三德邀陸阿采、童千斤等

一班同門相助。

　　戲班遭和珅毒手，只得世顯、詠春逃脫，二人同投三德門下學武。敬德率兵攻至，火燒少林寺。嚴詠春在新仇舊恨下，創出詠春拳，與梁世顯打敗敬德，更助新登基的嘉慶皇帝剿滅謀反的和珅。

　　在這出劇集裡，沒有提到五枚，詠春拳完全是嚴詠春所創。嚴詠春為了練出狹窄空間裡爆發的寸勁，竟呆在一個枯井裡練習，最後練成標指，真是不得不佩服編劇的創造力。編劇把嚴詠春嫁給了梁柏滔的兒子，不過還好，始終還是梁家的媳婦。

　　不過，香港影視明星米雪飾演的嚴詠春，英姿颯爽、嬌俏可愛，有後來瓊瑤阿姨筆下的還珠格格的影子。米雪在劇中演武打戲身手矯健，表演粵劇極富功架，是筆者見過演得最好的嚴詠春。

　　無論嚴詠春是誰家的娘子，但是詠春拳是以嚴詠春的名字來命名的說法，從古到今成為了大眾的共識。特別是佛山贊先生確立的佛山詠春派，更是尊嚴詠春為本門始祖，贊先生的後人數代供奉詠春三娘的木像，就是為了紀念這個不平凡的女性。

動作身形，立念爲上
——詠春拳套路之小念頭

　　詠春拳的動作體系，清晰明瞭、切實嚴謹，沒有華而不實的東西。

　　學完基礎單招，即可進入基礎套路——小念頭的練習。

　　何謂小念頭？

　　粵語裡小與少同音，小念頭就是少念頭，少念頭就是沒念頭，意爲摒棄雜念，全身心進入詠春專一的境界。

一、為什麼說「念頭不正，終歸不正」

有一次和張卓慶師父茶聚，

我問：「練了60年的詠春，您認為詠春拳裡什麼最重要？」

師父呷了一口茶，放下茶杯，一字一頓地說：「小念頭，小念頭，還是小念頭！」

小念頭，很多人不明白這個套路怎麼會有這樣奇怪的名字。何謂小念頭？粵語裡「小」與「少」同音，小念頭就是少念頭，少念頭就是沒念頭，意思就是在練習詠春的時候，要忘掉所有雜念，完全進入詠春專一的境界。

小念頭，是詠春拳裡最初級的套路。小念頭，看起來簡單，做得好不容易。小念頭在詠春拳的許多不同的宗支裡，雖然動作風格各有差異，但是原理卻是一樣的。

在小念頭裡面，包含著直線攻擊、中線防禦、肘中樞和內外門控制四大原理，這就是組成詠春技擊龐大體系的四根基柱。

直線進攻，強調永遠循著進攻者和對方之間最短的直線路徑實施打擊。在小念頭裡，日字衝拳、正掌、橫掌等技法，無一不是最短的直線。詠春拳的拳、掌、指，發出時不需要先將手後引再打出，也沒有像西方拳擊的勾拳、擺拳等弧線擊打，就是應一句老話：人走弓，我走弦，用平面幾何的概念解釋就是兩點之間，直線最短。

中線防禦，是為了達到兩個目的：

　　一是保護身體要害。從頭到腳，一條假定的中線將身體分為左右兩半。在這條中線的周圍，均是人體的要害：眼睛、鼻子、嘴、下頜、咽喉、心門、腹部、襠部，等等，保護了中線位置，就等於避免身體要害遭受打擊。

　　二是滿足詠春拳精簡經濟的技擊思想。無論是直線形滲透式的攤手，還是斜線形擋開式的膀手，抑或是直線形橫向擊打的拍手、按手，都只是將對方的勁力偏移到中線外即可，不需要大開大合將力使盡，這樣有助於運用寸勁和節省力氣，令詠春拳有極高的性價比。

　　詠春拳非常重視肘部的應用，在中線防禦裡面，沉肘向內歸中是被所有師父強調的，把肘部放置在身體中央，可以令手在最短的距離到達上下左右的位置，動作最少，

2008 年，梁旭輝與張卓慶師父

從而達到在時間上最快。
而對於直線進攻，肘底力
是寸勁發動的動力，以日
字衝拳為例，肘底前衝發
力至手腕會比單純擺動前
臂所產生的力量大得多，
而按手、捯手等控拿動
作，同樣需要肘部發力後
引帶動手腕，此種力量又
叫「無情力」，其實也是
寸勁的一種，只不過是向
下的寸勁而已。在小念頭
的練習中，我們一定要訓
練自己的肘部如何擺在正
確的位置、如何應用肘底力來發動寸勁。

詠春小將梁霆沖

小念頭的動作是左右平衡的，每次出不同的手法都以
左為先，意在訓練右腦。人的右腦具有直觀性的整體把握
能力、形象思維能力、獨創性等，正因詠春拳講究消打同
時、攻防合一，所以右腦的開發對於個人的功力而言是不
可欠缺的。

由於專長於感知空間和知覺功能的右腦指揮左手，使
左手的運動方式更易於發揮空間感知功能，出手快、準、
狠。在小念頭裡，將你的左手訓練得跟右手一樣便利，是
為了在實戰中克敵制勝打下一個堅實的基礎。

在詠春的概念裡，消打同時無定式，沒有左手右手之
分，對自己而言只有前手和後手，兩人對陣時只有同側手

和交叉手之分。兩手一前一後做問路手，擺在較前的手叫前手，反之為後手。面對對手，各人的前手分別是左右手叫同側手（鏡面原理），前手都是左手或右手叫交叉手。在詠春裡面，進攻或防守只需要分為內外兩個門：前手的異側就是內門，同側就是外門。比如，你的前手是左手，那麼位於你左手右側的區域就是你的內門，左手左側的區域就是外門。

小念頭的每次出手，都會形成你自身的內門和外門，如攤手、護手、伏手、膀手等。但圈手是例外，圈手恰恰是由內門轉到外門的手法，是為了換位用的。

小念頭的動作特點，在於一個「正」字，講求「中正」。所謂「小念頭不正，終歸不正」，在演練時，站腳要正，腳尖不內扣不外擺；脊樑要正，上身不前俯不後仰；出手要正，不偏不倚在中線；肩膊要正，不聳肩不送膊。

練習小念頭，初學者往往貪快，這是大忌。一定要慢！慢，是為了這幾個目的：①訓練你思想集中、心無雜念，達到物我兩忘的境界；②訓練的手形擺位精準，讓肌肉形成習慣記住正確的方位；③訓練肘底發力，學會運用寸勁（包括無情力）；④訓練你的心跳和呼吸來配合動作，調節氣息，拉伸經絡，內外兼修；⑤訓練你學會在運動過程中放鬆肌肉，鬆而不軟、蓄勢而發。

等你把小念頭慢慢地體會好了，真正實戰的時候你就更快了。

小念頭，是一輩子都可以練的功夫。

二、小念頭套路演練

小念頭不正，終生不正。

如果你沒有任何的功夫基礎，不要緊，你只要把握一個「正」字，就很容易學好。

如果你練過其他的功夫，也不要緊，同樣把握這個「正」字，在練習小念頭的時候暫時忘記其他的功夫，也一樣可以練好。

開　馬

[1]身體自然站立，雙眼目視前方，緩慢呼吸，集中精神；

[2～6]雙手平舉握拳，反轉夾肘，以雙肘為發力點往

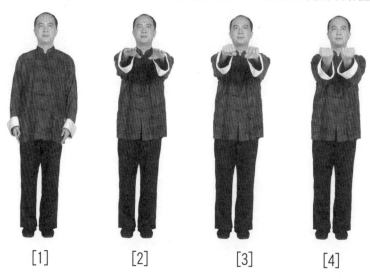

[1]　　　　[2]　　　　[3]　　　　[4]

身體兩側回抽，雙拳自腰間上提至胸側；

　　[7~13]先左腳後右腳畫半圓開馬，呈**二字鉗陽馬**；

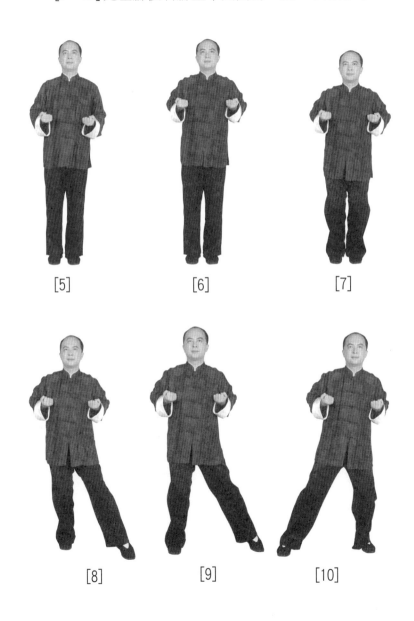

[5]　　　　　　　[6]　　　　　　　[7]

[8]　　　　　　　[9]　　　　　　　[10]

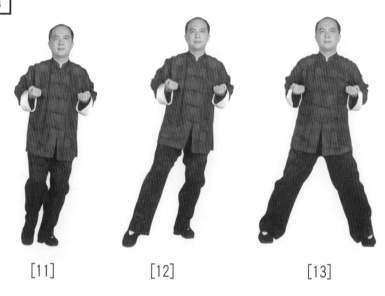

[11]   [12]   [13]

◈**注意**：在練習全過程時，雙拳不要接觸身體，為的是鍛鍊左右腦同時使用。另請留意，本書所稱之順、逆時針方向皆是對練習者自身而言。

> ## 交叉按手、交叉封手、收拳

[14～16]雙拳變掌，沿指尖方向伸出並交叉，掌心朝上，左上右下；然後，手腕反轉令掌心朝下，以肘發力運勁至掌外側，雙掌按下置於腹部前，**雙肘伸直**；

[17]手腕翻轉令掌心朝內，同時雙手臂屈肘往胸前回收，呈**交叉封手**，左手在內右手在外；

[18、19]雙掌變雙拳，以雙肘為發力點往體側回抽，雙拳自腰間上提至胸側收拳。

[14]　　[15]　　[16]

[17]　　[18]　　[19]

左右日字衝拳、圈手、㧱手、收拳

[20、21] 左拳向右斜出，令左肘歸中至前胸，以肘底發力將拳頭以寸勁直線彈出，力達拳面，完成**日字衝拳**；

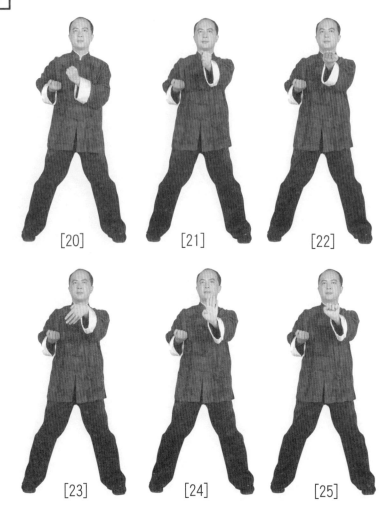

[20]　　　　[21]　　　　[22]

[23]　　　　[24]　　　　[25]

　　[22～27]左拳變掌，左手夾肘翻轉，掌心朝上；繼而放鬆手指，以手腕旋轉，令手指朝右、朝下、朝上旋轉一周做**圈手**，使掌心朝前、手指朝上（**大拇指仍彎扣**）；左掌運勁於手指抓握成拳，拳面朝上拳眼朝右，呈**捌手**；接著，左手夾肘，翻轉拳頭令拳眼朝左、拳面朝前；左手屈

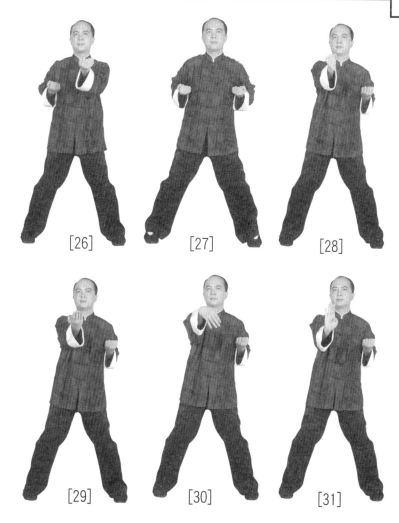

[26]　　　　　　[27]　　　　　　[28]

[29]　　　　　　[30]　　　　　　[31]

肘回抽，左拳自腰間上提至胸側；

[28～34]（左手換成右手，依次重複22～27的動作）右拳向左斜出，令右肘歸中至前胸，以肘底發力將拳頭以寸勁直線彈出，力達拳面，完成**日字衝拳**。右拳變掌，右手夾肘翻轉，掌心朝上；繼而放鬆手指，以手腕旋轉，令

[32]　　　　　[33]　　　　　[34]

手指朝左、朝下、朝上旋轉一周做**圈手**，使掌心朝前、手指朝上（大拇指仍彎扣）；右掌運勁於手指抓握成拳，拳面朝上拳眼朝左，呈**捯手**；接著，右手夾肘，翻轉拳頭令拳眼朝右、拳面朝前；右手屈肘回抽，右拳自腰間上提至胸側。

左一攤三伏

[35～37] 左拳變掌，沿指尖方向斜出，令左肘歸中至前胸，以肘底發力令左掌緩緩向前攤出，呈**左攤手**，指尖的高度與下頜平齊（此為「一攤」）；

[38～41] 左手放鬆手指，手腕旋轉，令手指朝右、朝下、朝上順時針旋轉一周做圈手，最後掌根發力以寸勁下沉呈**護手**，掌心朝右、手指朝上（大拇指仍彎扣）；護手緩慢回收至頸部；

[35]

[36]

[37]

[38]

[39]

[40]

[41]

[42]　　　　　[43]　　　　　[44]

[45]　　　　　[46]　　　　　[47]

　　[42、43]左手再次放鬆手指、自然下垂，大拇指輕按於中指第三截，手腕往前下壓、移至上腹，手臂夾肘歸中呈**伏手**，接著以肘發力將伏手前送並稍向上提起，高至胸前，手指斜向下（此為「一伏」）；

　　[44～48]左手手指放鬆，手腕旋轉，令手指朝右、朝

[48]　　　　　　　[49]　　　　　　　[50]

下、朝上順時針旋轉一周做**圈手**，最後掌根發力以寸勁下沉呈護手，掌心朝右、手指朝上（大拇指仍彎扣）；護手緩慢回收至頸部；

　　[49、50]左手手指自然下垂，大拇指輕按於中指第三截，手腕往前下壓、移至上腹，手臂夾肘歸中呈**伏手**，接著以肘發力將伏手前送並稍向上提起，高至胸前，手指斜向下（此為「二伏」）；

　　[51～55]左手放鬆手指，手腕旋轉，令手指朝右、朝下、朝上旋轉一周做**圈手**，最後掌根發力以寸勁下沉呈**護手**，掌心朝右、手指朝上（大拇指仍彎扣）；護手緩慢回收至頸部；

[51]

[52]   [53]   [54]

[55]   [56]   [57]

　　[56、57]左手手指自然下垂，大拇指輕按於中指第三截，手腕往前下壓、移至上腹，手臂夾肘歸中呈伏手，接著以肘發力將伏手前送並稍上提起，高至胸前，手指斜向下（此為「三伏」）；

[58]　[59]　[60]

[61]　[62]

[58～62]左手放鬆手指，手腕旋轉，令手指朝右、朝下、朝上旋轉一周做**圈手**，最後掌根發力以寸勁下沉呈**護手**，掌心朝右、手指朝上（大拇指仍彎扣）；護手緩慢回收至頸部（至此為「左一攤三伏」）。

左橫拍手、格手、正掌、反掌、圈手、
捌手、收拳

[63]左掌以肘底發力運勁於掌側拍出至右肩，手指朝上，呈**左橫拍手**；

[64]左手肘部保持不動，左掌掌心朝前，以掌外側發力使前臂移至胸前成為**格手**；

[65]肘底發力運勁於掌根、掌外側，然後以前臂的寸勁由胸前的中線位置拍出，手臂伸直呈**正掌**；

[66～71]左手夾肘翻轉，掌心朝上；繼而放鬆手指，以手腕旋轉，令手指朝右、朝下、朝上順時針旋轉一周做**圈手**，使掌心朝前、手指朝上（**大拇指仍彎扣**）；左掌運勁於手指抓握成拳，拳面朝上，拳眼朝右，呈**捌手**；接著，左手夾肘，翻轉拳頭令拳眼朝左、拳面朝前；左手屈肘回抽，左拳自腰間上提至胸側。

[63]　　　　　[64]　　　　　[65]

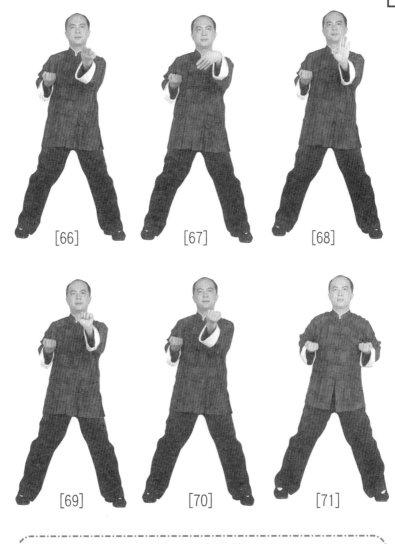

[66]　　　　[67]　　　　[68]

[69]　　　　[70]　　　　[71]

右一攤三伏

[72、73]右拳變掌，沿指尖方向斜出，令右肘歸中至前胸，以肘底發力令右掌緩緩向前攤出，呈**右攤手**，指尖

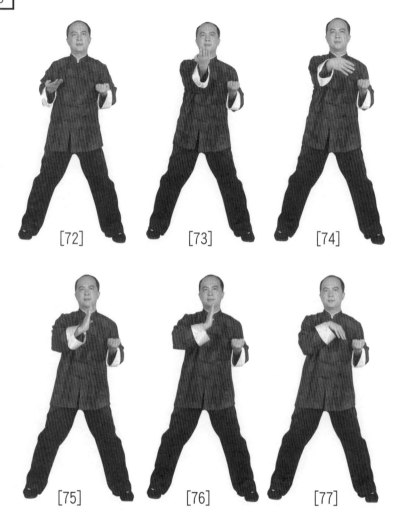

[72]　　　[73]　　　[74]

[75]　　　[76]　　　[77]

的高度與下頜平齊（此為「一攤」）；

　　[74～76]右手放鬆手指，手腕旋轉，令手指朝左、朝下、朝上逆時針旋轉一周做**圈手**，最後掌根發力以寸勁下沉呈**護手**，掌心朝左、手指朝上（大拇指仍彎扣）；護手緩慢回收至頸部；

[78]　　　　　[79]　　　　　[80]

[81]　　　　　[82]　　　　　[83]

　　[77、78]右手手指自然下垂，大拇指輕按於中指第三
截，手腕往前下壓、移至上腹，手臂夾肘歸中呈**伏手**，接
著以肘發力將伏手前送並稍向上提起，高至胸前，手指斜
向下（此為「一伏」）；

　　[79～83]右手放鬆手指，手腕旋轉，令手指朝左、朝

[84]

[85]

[86]

下、朝上逆時針旋轉一周做**圈手**，最後掌根發力以寸勁下沉呈**護手**，掌心朝左、手指朝上（大拇指仍彎扣）；護手緩慢回收至頸部；

[84、85]右手手指自然下垂，大拇指輕按於中指第三截，手腕往前下壓、移至上腹，手臂夾肘歸中呈**伏手**，接著以肘發力將伏手前送並稍向上提起，高至胸前，手指斜向下（此為「二伏」）；

[86～90]右手手腕旋轉，令手指朝左、朝下、朝上逆時針旋轉一周做**圈手**，最後掌根發力以寸勁下沉呈**護手**，掌心朝左、手指朝上（大拇指仍彎扣）；護手緩慢回收至頸部；

[87]　　　　　[88]　　　　　[89]

[90]　　　　　[91]　　　　　[92]

　　[91、92] 右手放鬆手指、自然下垂，大拇指輕按於中指第三截，手腕往前下壓、移至上腹，手臂夾肘歸中呈**伏手**，接著以肘發力將伏手前送並稍向上提起，高至胸前，手指斜向下（此爲「三伏」）；

[93]　[94]

[95]　[96]

　　[93〜96]右手手腕旋轉，令手指朝左、朝下、朝上逆時針旋轉一周做**圈手**，最後掌根發力以寸勁下沉呈**護手**，掌心朝左、手指朝上（大拇指仍彎扣）；護手緩慢回收至頸部。（至此為「右一攤三伏」）

右橫拍手、格手、正掌、反掌、圈手、捌手、收拳

[97] 右掌以肘底發力運勁於掌側拍出至左肩，手指朝上，呈**橫拍手**；

[98] 右手肘部保持不動，右掌掌心朝前，以掌外側發力使前臂移至胸前成為**格手**；

[99] 肘底發力運勁於掌根、掌外側，然後以前臂的寸勁通過胸前的中線位置拍出，手臂伸直呈**正掌**；

[100～105] 右手夾肘翻轉，掌心朝上；繼而放鬆手指，以手腕旋轉，令手指朝左、朝下、朝上逆時針旋轉一周做**圈手**，使掌心朝前、手指朝上（大拇指仍彎扣）；右

[97]

[98]

[99]

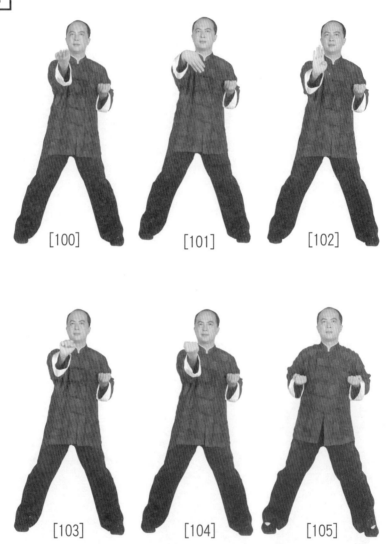

[100] [101] [102]

[103] [104] [105]

掌運勁於手指抓握成拳，拳面朝上拳眼朝左，呈**捯手**；接
著，右手夾肘，**翻轉**拳頭令拳眼朝右、拳面朝前；右手屈
肘回抽，右拳自腰間上提至胸側。

左右按手、雙後按手、雙前按手

[106～108] 左拳變掌，手腕翻轉令掌心朝下，以肘發力運勁於掌根、掌外側，左掌朝左前下方以斜撐按出，手指朝前，呈**左按手**；

[109、110] 緊接著右拳變掌，手腕翻轉令掌心朝下，以肘發力運勁於掌根、掌外側，右掌朝右前下方以斜撐按出，手指朝前，呈**右按手**；

[106]

[107]

[108]

[109]

[110]

[111]

[111]背面

[111] 雙掌後擺置於身後，指尖指向後腰，以肘發力運勁於掌根按下呈雙**後按手**；

[112、113] 雙掌擺置於胸前，指尖朝前，以肘發力運勁至掌根及掌外側，雙掌朝前下方以斜撐按出，呈**雙前按手**。

[112]

[113]

雙疊橋手、雙殺頸手、換橋手

[114、115] 雙手交叉，左手在前右手在後，以雙肘發力，雙手飛起至雙掌平行平置於胸前，左手在上右手在下，呈**疊橋手**；

[116、117] 雙掌下按後分開，運勁於雙掌外側，由下而上各朝兩側斜擊至手臂伸直，雙掌高於頸部，呈**雙殺頸手**；

[114]　　　　　　[115]

[116]

[117]

[118]雙肘彎曲令雙掌回收至胸前,雙掌平行平置,右上左下,呈**換橋手**。

[118]

雙**攤**手、窒手、標指、下拍手、頂手、
反掌、圈手、捌手、收拳

[119、120]雙肘下沉令雙掌交叉,手腕翻轉令掌心朝上,雙肘歸中、雙掌朝前送出,呈**雙攤手**;

[119]

[120]

[121] 雙肘不動，手腕翻轉令掌心朝下，以掌根爲發力點並用寸勁下挫，手指自然朝上，呈**雙窒手**；

[122] 以肘底發力運勁至指尖，雙手手指同時用力向前標出，掌心朝下，呈**雙標指**；

[121]　　　　[122]

[123、124] 雙肘下沉，運勁於掌根及掌外側，雙手掌朝前下方拍擊，呈**雙下拍手**；

[125] 雙手猛地抬起，手腕向上頂，手指自然下垂，呈**雙頂手**；

[123]　　　　[124]　　　　[125]

[126]　　　　　　[127]　　　　　　[128]

[129]　　　　　　[130]　　　　　　[131]

　　[126～131]雙手夾肘翻轉，掌心朝上反掌；繼而放鬆手指，雙手腕同時旋轉，令手指向內、向下、向外、再向上旋轉一周做**圈手**，使掌心朝前、手指朝上（大拇指仍彎扣）；雙手手掌運勁於手指使其抓握成拳，拳面朝上拳眼

相對，呈**雙捌手**；接著，雙手夾肘，翻轉拳頭令拳眼各自朝外、拳面朝前；雙手屈肘回抽，雙拳自腰間上提至胸兩側。

左橫拍手、左橫掌、反掌、圈手、捌手、收拳

[132、133]左掌以肘底發力運勁於掌側拍出至右肩，手指朝上，呈**左橫拍手**；

[134、135]左肘歸中，手掌擺置於胸前，手指朝左、掌心朝前，肘底發力運勁於掌根及掌外側用寸勁擊出，指尖朝左，呈**左橫掌**；

[136～141]左手夾肘翻轉，掌心朝上**反掌**；繼而放鬆手指，以手腕旋轉，令手指朝右、朝下、朝上

[132]

[133]　　　　[134]　　　　[135]

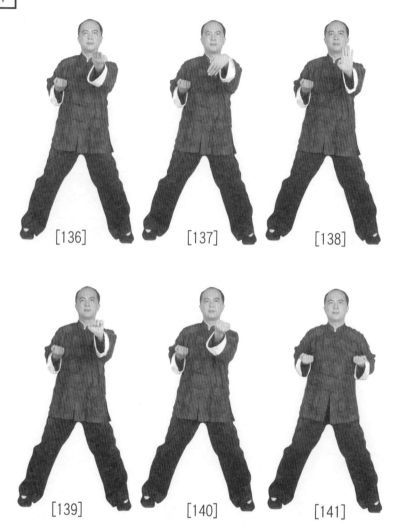

[136]　　　　　[137]　　　　　[138]

[139]　　　　　[140]　　　　　[141]

順時針旋轉一周做**圈手**，使掌心朝前、手指朝上（大拇指仍彎扣）；左掌運勁於手指抓握成拳，拳面朝上拳眼朝右，呈**捌手**；接著，左手夾肘，翻轉拳頭令拳眼朝左、拳面朝前；左手屈肘回抽，左拳自腰間上提至胸側。

右橫拍手、右橫掌、反掌、圈手、捌手、收拳

[142、143]右掌以肘底發力運勁於掌側拍出至左肩，手指朝上，呈**右橫拍手**；

[144、145]右肘歸中，手掌擺置於胸前，手指朝右、掌心朝前，肘底發力運勁於掌根及掌外側用寸勁擊出，指尖朝右，呈**右橫掌**；

[146～151]右手夾肘翻轉，掌心朝上**反掌**；繼而放鬆手指，以手腕旋轉，令手指朝左、朝下、朝上逆時針旋轉一周做**圈手**，使掌心朝

[142]

[143]　　　　[144]　　　　[145]

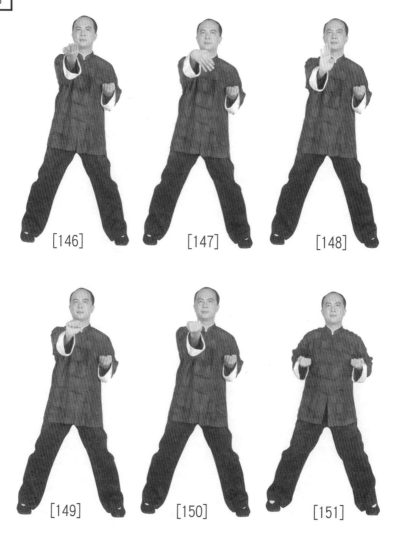

[146]   [147]   [148]

[149]   [150]   [151]

前、手指朝上（大拇指仍彎扣）；右掌運勁於手指抓握成
拳，拳面朝上拳眼朝左，呈**摺手**；接著，右手夾肘，翻轉
拳頭令拳眼朝右、拳面朝前；右手屈肘回抽，右拳自腰間
上提至胸側。

左攤手、攔手、攤手、圈手、橫掌、反掌、 圈手、捌手、收拳

[152、153]左拳變掌，沿指尖方向斜出，令左肘歸中至前胸，以肘底發力令左掌緩緩向前攤出，呈**左攤手**，指尖的高度與下頜平齊；

[154、155]左掌回收至胸前，手腕翻轉至掌心朝下，手掌運勁於掌外側並朝前下方攔擊，手肘伸直，掌心朝下，指尖朝右，呈**左攔手**；

[156～158]左掌回收至胸前，手腕翻轉至掌心朝上，接著手腕沿指尖方向斜出，令左肘歸中至胸前，

[152]

[153]　　　　[154]　　　　[155]

[156]　　　　　[157]　　　　　[158]

[159]　　　　　[160]　　　　　[161]

以肘底發力令左掌緩緩向前攤出，呈**左攤手**；

　　[159～162]左掌順時針做**左圈手**，同時左肘回收，緊貼左胸，當圈手的手指朝左時肘底發力以**左橫掌**擊出；

　　[163～168]左掌**反掌**令掌心朝上，繼而放鬆手指，以

[162]　　　[163]　　　[164]

[165]　　　[166]　　　[167]　　　[168]

手腕旋轉，令手指朝右、朝下、朝上順時針旋轉一周做**圈
手**，使掌心朝前、手指朝上（**大拇指仍彎扣**）；左掌運勁
於手指抓握成拳，拳面朝上拳眼朝右，呈**捌手**；接著，左

手夾肘,翻轉拳頭令拳眼朝左、拳面朝前;左手屈肘回抽,左拳自腰間上提至胸側。

右攤手、攔手、攤手、圈手、橫掌、反掌、圈手、捌手、收拳

[169、170]右拳變掌,沿指尖方向斜出,令右肘歸中至前胸,以肘底發力令右掌緩緩向前攤出,呈**右攤手**,指尖的高度與下頜平齊;

[171、172]右掌回收至胸前,手腕翻轉至掌心朝下,手掌運勁於掌外側並朝前下方攔擊,手肘伸直,掌心朝下,指尖朝左,呈**右攔手**;

[173、174]右掌回收至胸前,手腕翻轉至掌心朝上,接著手腕沿指尖方向斜出,令右肘歸中至胸前,以肘底發力令右掌緩緩向前攤出,呈**右攤手**;

[169]　　　　　　[170]　　　　　　[171]

[172] [173] [174]

[175] [176] [177]

[175～178]右掌逆時針做**右圈手**，同時右肘回收，緊貼右胸，當圈手的手指朝右時肘底發力以**右橫掌**擊出；

[179～184]右掌反掌令掌心朝上，繼而放鬆手指，以手腕旋轉，令手指朝左、朝下、朝上逆時針旋轉一周做**圈手**，使掌心朝前、手指朝上（大拇指仍彎扣）；右掌運勁

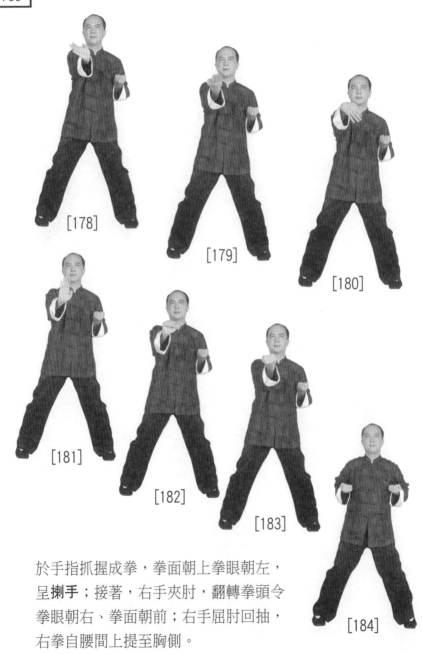

[178]

[179]

[180]

[181]

[182]

[183]

[184]

於手指抓握成拳，拳面朝上拳眼朝左，
呈**捌手**；接著，右手夾肘，翻轉拳頭令
拳眼朝右、拳面朝前；右手屈肘回抽，
右拳自腰間上提至胸側。

左膀手、底掌、反掌、圈手、捌手、收拳

[185、186]左拳變掌，抬肘，手腕翻轉令掌心朝下，手腕置於胸前成**左膀手**；

[187、188]左肘歸中，手腕翻轉令掌心朝前、手指朝左，接著以肘底發力運勁於掌根和掌外側，手掌用寸勁朝前下方擊出，手指斜向左下方，呈**底掌**；

[189～194]左掌**反掌**令掌心朝上，繼而放鬆手指，以手腕旋轉，令手指朝右、朝下、朝上順時針旋轉一周做**圈手**，使掌心朝前、手指朝上（大拇指仍彎

[185]

[186]　　　　[187]　　　　[188]

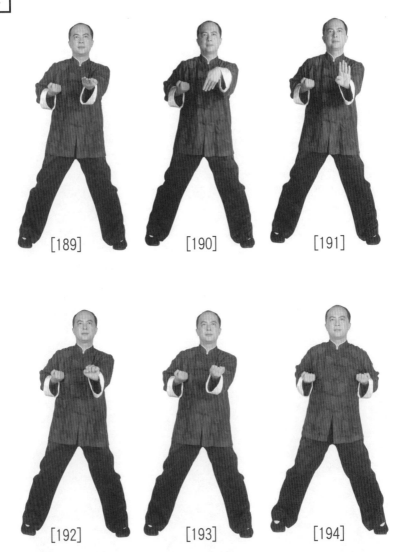

[189]　　　　[190]　　　　[191]

[192]　　　　[193]　　　　[194]

扣）；左掌運勁於手指並抓握成拳，拳面朝上拳眼朝右，
呈**搧手**；接著，左手夾肘，翻轉拳頭令拳眼朝左、拳面朝
前；左手屈肘回抽，左拳自腰間上提至胸側。

右膀手、底掌、反掌、圈手、捌手、收拳

[195、196]右拳變掌，抬肘，手腕翻轉令掌心朝下，手腕置於胸前成**右膀手**；

[197]右肘歸中，手腕翻轉令掌心朝前、手指朝右，接著以肘底發力運勁於掌根和掌外側，手掌用寸勁朝前下方擊出，手指斜向右下方，呈**底掌**；

[198～203]右掌**反掌**令掌心朝上，繼而放鬆手指，以手腕旋轉，令手指朝左、朝下、朝上逆時針旋轉一周做**圈手**，使掌心朝前、手指朝上（大拇指仍彎扣）；右掌運勁於手指並抓握成拳，拳面朝上拳眼朝左，呈**捌手**；接著，右手夾肘，翻轉拳頭令拳眼朝右、拳面朝前；右手屈肘回抽，右拳自腰間上提至胸側。

[195]

[196]

[197]

[198]

[199]

[200]

[201]

[202]

[203]

左右交替按手

[204～206]左拳變掌，手腕翻轉令手掌朝下，以肘底發力運勁於掌根和掌外側，手掌以寸勁朝下按出，手指向右，呈**左按手**；

[204]　　　[205]　　　[206]

[207～209]右拳變掌，掌心朝上，右掌置於左肘之上，接著右手腕翻轉令掌心朝下，同時左手掌握成拳，手腕翻轉令拳心朝上；右掌順著左肘往下按出，呈**右按手**，左拳順勢回抽收拳；

[210～212]左拳變掌，掌心朝上，左掌置於右肘之上，接著左手腕翻轉令掌心朝下，同時右手掌握成拳，手腕翻轉令拳心朝上；左掌順著右肘往下按出，呈**左按手**，右拳順勢回抽收拳；

[207]　　　　　[208]　　　　　[209]

[210]　　　　　[211]　　　　　[212]

[213～215] 右拳變掌，掌心朝上，右掌置於左肘之上，接著右手腕翻轉令掌心朝下，同時左手掌握成拳，手腕翻轉令拳心朝上；右掌順著左肘往下按出，呈**右按手**，左拳順勢回抽收拳。

[213]　　　　　[214]　　　　　[215]

連環日字衝拳、雙反掌、圈手、雙捌手、收拳

[216～221]左拳以**日字衝拳**打出，右按手順勢變拳在左拳的下方回抽收拳；右拳再以**日字衝拳**打出，左拳在右

[216]　　　　　[217]　　　　　[218]

[219]

[220]

[221]

拳的下方回抽收拳，形成**連環衝拳**；然後，右拳不動，左拳以**日字衝拳**打出；

[222～227] 雙拳變掌，掌心向上，呈**雙反掌**；緊接著放鬆手指，雙手腕同時旋轉，令手指向內、向下、向外、再向上旋轉一周做**圈手**，使掌心朝前、手指朝上（大拇指仍彎扣）；雙手手掌運勁於手指使其抓握成拳，拳面朝上拳眼相對，呈**雙捌手**；接著，雙手夾肘，翻轉拳頭令拳眼各自朝外、拳面朝前；雙手屈肘回抽，雙拳自腰間上提至胸兩側。

[222]

[223]

[224]

[225]

[226]

[227]

收　馬

[228～301] 雙拳變雙掌，手腕翻轉令掌心朝下，雙掌
置於左右胸口位置，指尖相對；左腳先朝右腳靠近半步，
右腳再向左腳靠近半步使兩腳併攏，接著雙膝微蹲；雙掌
緩慢下按至左右腹部的下方，雙膝挺直，雙掌收至大腿兩
側，手指自然下垂，緩慢呼吸，收馬完成。至此，小念頭
套路演練完畢。

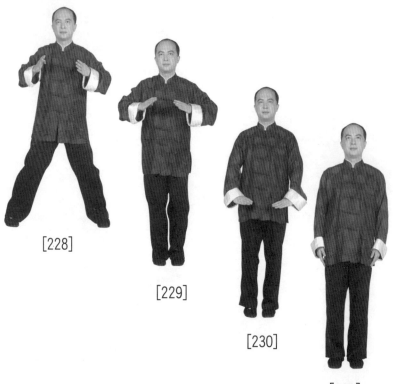

[228]

[229]

[230]

[231]

詠春解密檔案二：佛山功夫六大派

　　清朝晚期，社會動盪，滿清政權由盛轉衰、搖搖欲墜；會黨崛起，天地會、太平天國起義風起雲湧，同盟會革命蓄勢待發。正所謂亂世出英雄，在咸豐以降的晚清，英雄輩出，佛山次第出現了眾多南派功夫流派，其中有六大拳種流傳自今，成為佛山功夫的強大支柱。

　　這六大拳派便是詠春拳、洪家拳、蔡李佛拳、少臨南家拳、龍形拳、白眉拳。

詠春拳

　　詠春拳尊「少林五老」的五枚師太為始祖，以奇女子嚴詠春來命名，因天地會活動中心轉到廣東而由粵劇紅船子弟傳至佛山，其特點是短橋窄馬、消打同時、貼身緊逼、擅發寸勁。

　　近代在世界上最流行的佛山詠春拳體系由鶴山人梁贊於咸豐同治年間完善成型而確立，包括三套拳（小念頭、尋橋、標指）、刀（八斬刀）棍（六點半棍）椿（木人椿）和雙人練習的黐手。梁贊之後，傳子梁碧和、徒陳華順，二者又合傳葉問，與葉問同期的吳仲素、雷汝濟等都是技藝超群之人。葉問門下猛將甚多，最出名的當屬功夫巨星李小龍。

　　另一主要宗支為紅船伶人「大花面錦」傳下馮小青一脈，與欽州府郝寶全合傳佛山阮濟雲、阮奇山兄弟，阮奇山弟子中岑能為繼往開來之名家；而兼具眾家所長的姚

才，與阮奇山、葉問並稱「詠春三雄」，亦傳下子姚祺、林瑞文、林瑞波等高足。

岑能的啟蒙師父張保亦是與「詠春三雄」同期之名師。如今佛山詠春拳弟子多是上述前輩的再傳門人。

佛山另一支「刨花蓮」詠春相傳是清道光年間由南少林寺和尚「大東風」傳入，授予南海縣西樵山人謝國梁、謝國樟兄弟。「大東風」和尚原本為天地會成員，故傳下暗語「永言矢志，毋忘漢族，還我河山，大地回春」，並將前二字「永言」及最後一字「春」組合「詠春」來命名拳術。

謝氏兄弟傳義子梁洪韜、劉達生，劉達生再傳朱忠、郭佳等，朱忠早於葉問到香港定居，而郭佳在佛山終老，如今佛山仍有部分弟子。

洪家拳

洪家拳（簡稱洪拳）奉「少林五老」的至善為始祖，並尊洪熙官為創拳人。洪家拳位列「洪劉蔡李莫」嶺南五大名拳之首，另外的四家創拳人相傳分別是劉生（劉家拳）、蔡福（蔡家拳）、李友山（李家拳）、莫清嬌（莫家拳）。除蔡家拳、李家拳歸於蔡李佛拳外，劉家拳、莫家拳如今已不多見。

洪拳在天地會中流傳甚廣，所以洪拳可以說是洪門的代表拳術。洪拳的代表人物有梁坤（鐵橋三）、陸阿采、林福成、王隱林、黃麒英，上述人等在民間位列「廣東十虎」。而黃麒英之子黃飛鴻是家喻戶曉的英雄人物，精於洪拳和蘇乞兒所傳的「醉八仙拳」，在1894年受聘擔任抗

法名將劉永福黑旗軍的技擊總教習。

黃飛鴻得意弟子林世榮，南海平洲人，在1930年左右編寫出版《伏虎拳》、《鐵線拳》、《虎鶴雙形拳》等拳譜，開創了廣東近代功夫公開出版的先河。

洪家拳是以龍、虎、獅、豹、蛇、鶴、象、馬、猴、鷹的象形與特性結合技擊方法創編而成。有單形拳術，如龍拳、虎拳等；亦有混合形拳術，如虎鶴雙形拳、五形拳、十形拳等。其風格特點是手法豐富，腿法較少，步穩勢烈，硬橋硬馬，以氣催力，以聲助威。

洪拳的拳械套路多而雜，其主要徒手套路有虎鶴雙形拳、五形拳、十形拳、五行拳、鐵功三線拳、疊掌、鐵線拳、青龍手、武松手、白虎捶、子午捶、大洪捶等。

器械有單頭棍、雙頭棍、橫頭凳、青龍刀、撲刀、雙龍拐、雙刀、雙鈎等。

洪拳結合南派舞獅，在廣東流傳甚廣，佛山是著名的洪拳重鎮，在鄉間只要有祠堂，就會有獅子、洪拳。

蔡李佛拳

蔡李佛拳是蔡家拳、李家拳、佛門功夫的集合體。蔡家拳，相傳來自五枚師太的七十二擒拿手，由蔡福發展確立；李家拳，相傳由少林五祖之李式開所創，由廣東新會縣（今屬江門市）大澤鄉七堡村人李友山發展確立。新會縣京梅鄉人陳享（1815—1875年）跟李友山、蔡福習得李家、蔡家拳。

新會縣石咀村人張炎（1824—1893年）先跟李友山學李家拳，又拜陳享為師學習，在17歲時去到廣西八排山闖

建寺拜天地會成員的青草和尚為師，學得佛門內外八卦拳和醫術。藝成後，青草和尚贈名「鴻勝」給張炎，寓意「洪勝」。張炎回鄉後與陳享共同研習，創立出集蔡家、李家和佛家功夫於一體的蔡李佛拳。

清朝咸豐元年（1851年），張炎在佛山設武館，名為「鴻勝館」，加入天地會，令蔡李佛拳成為洪門技藝，其禮椿詩曰：「大鵬展翅反天手，魁星踢斗清名留。拱拜五湖復四海，日月拱照萬世留。」暗藏「反清復明」四字。張炎之後，由其首徒陳盛（1854—1926年）繼任館主，陳盛制定嚴格館規約束門人行為，提升弟子品德。又大膽改革拳術，將一套拳分為三套拳（長拳、平拳和扣打），適合教學要求。陳盛技藝超群、武德高尚，從者甚多，到1921年，鴻勝館進入鼎盛時期，十三個分館成員近萬。

陳盛去世後，其首徒錢維方繼任館主。錢維方在辛亥革命前加入同盟會，率領民軍回應武昌首義，攻克佛山宣佈光復。1922年1月，錢維方加入中國共產黨，之後領導佛山工會聯合會，與鴻勝館弟子、中共黨員梁桂華、陳雄志、吳勤等人開展工人革命運動。抗日戰爭爆發，錢維方、吳勤組織會員開設殺敵大刀訓練班，組織抗日自衛隊。佛山淪陷後，以蔡李佛弟子為基礎的廣州市區游擊隊第二支隊由吳勤任司令，與日寇多次作戰。

縱觀蔡李佛拳的歷史，經歷天地會反清起義、辛亥革命、國內革命工人運動、抗日戰爭等，在各個歷史時期都參與了重大的進步革命活動，這在中國武術史上是十分罕見的。

蔡李佛拳具有以下風格特點：動作舒展大方，活動幅

度大；步法穩健靈活，快速多變；多屈膝性腿法、一發連環，更兼手腳齊發；手法全面，長、中、短橋並用，左右開弓；吸氣蓄勁，呼氣發聲，以氣催力。

蔡李佛拳套路繁多，徒手拳術共有49套拳，分初級、中級和高級，由易到難，循序漸進。初級拳套有走生馬四門橋、五輪馬、五輪捶、小梅花、十字截虎拳、小十字拳等；中級拳套有平拳、十字扣打拳、鐵箭拳、平爭拳；高級拳套有白毛拳、梅花八卦拳、佛掌拳、虎形、鶴形、獅形、五形拳和十形拳等。

器械有刀、槍、劍、棍、戟、斧、耙、鈎、錘、鞭、鋤、凳、扇、碟（藤製圓盾）等。蔡李佛拳有專門的練功木樁，如秤樁、沙包樁、碎手樁、三星刀樁、三星拳樁、大小八卦樁、大小木人扇樁、大小梅花拳樁、大小竹林樁、梅花棍樁等。

少臨南家拳

少臨南家拳尊彌勒佛爲始祖，以浙江省鵝騎山的江南少臨寺爲發源地。少臨，即少年臨入寺之意，宣導世人自少年始行善積德、普度眾生。清同治三年（1864年），清將左宗棠在浙江於太平軍激戰。清兵追擊至鵝騎山，疑太平軍受少臨寺庇護，遂火燒寺院，僧人多葬身火海，高僧秘德禪師藏身水井倖免於難。寺廟既毀，秘德禪師南下廣東，棲身廣州白雲山彌勒寺。

光緒六年（1880年），秘德禪師雲遊至廣東順德，見一七歲小童骨骼清奇、勇敢過人，便收其爲徒。此位小童便是日後名震廣佛的少臨南家拳名家梁細蘇。

梁細蘇（1873—1966年）自七歲起在白雲山學藝十九年，盡得秘德禪師真傳，精通少臨南家拳法及多種器械，並習得獨門傷科正骨跌打醫術。梁細蘇身懷絕技，在廣州、佛山、香港等地收徒授藝、行醫濟世，將少臨南家拳之花拳、羅漢卸衣拳、十大形拳、四丈手、刀劍槍棍術等傳播於民間。日寇侵華時，梁細蘇在廣州沙面曾將兩名日軍打落河湧，極大振奮民心。

梁細蘇門徒眾多，佛山的袁恩、劉新、鄧仲、黃安芝、黃年發、李來、陳添、秦海等皆是佼佼者，目前在佛山已經傳至第八代。

少臨南家拳門下嚴守宗風，風骨獨傲，凡弟子必熟讀「師訓十陳」：一尊師；二苦練；三靈變；四海升平；五要謙；六忍讓；七合人和；八識地利；九效神仙；十但得河水淺，明日到潭關。孔家無二派，臨陣見艱難，世上有文須重武，文武雙全得全圖。而少臨南家拳的拳訣，言簡意深，頗值品味：露形影力難消形，有影無形難尋形，出手定分生死力，柔化剛打疾極力，若能悟得拳中意，落地生根也一驚！

🐉 龍形拳

龍形拳也是奉五枚師太為始祖，相傳五枚師太雲遊時傳予廣東羅浮山華首台大玉禪師，大玉禪師傳高雄民、馬鑒、林合、林慶元等。其中林慶元之子林耀桂（1874—1965年）為龍形拳近代最出名的人物，被譽為「東江老虎」。

林耀桂是廣東博羅縣（今屬惠州）人，六歲習武，天

資聰穎，進步神速，二十多歲便做師父授徒。後來得到眾位師伯青睞，將龍形絕技和正骨跌打術一一傳授於林耀桂。數年後林耀桂藝成下山，稱雄東江一帶（廣東境內水系分為東江、西江、北江），所向無敵。

林耀桂民國時期在廣州教授武術，20世紀30年代做過燕塘軍校武術教官；曾編「抗日殺敵大刀術」，教十九路軍官兵抗擊侵華日寇。1957年，79歲的林耀桂移居香港，開辦「龍形拳總會」繼續授徒直至去世。

林耀桂的佛山弟子曾根，在抗戰勝利後加入佛山精武體育會，經當時國操部主任李佩弦介紹，得以拜在林耀桂門下。在20世紀60年代，曾根將龍形拳在佛山大舉傳授，深受歡迎。

林耀桂另一佛山弟子馬齊亦在20世紀70年代回到家鄉佛山三水逕口，傳授龍形拳。

如今佛山龍形拳門人甚多，2004年12月，佛山精武體育會龍形拳中心成立，與廣州、香港以及國外的龍形拳同人多有來往。龍形拳有12套拳，如三通過橋、梅花七路、花拳小馬、龍形鷹爪拳、單鞭救主拳、畫眉跳架、猛虎跳牆、迫步碎橋、四門迫打等，其中拳術以龍形摩橋最為著名，器械以黃龍穿心棍著稱。

◈ 白眉拳

白眉拳相傳由清乾隆年間四川峨眉山的白眉道長所創，之後傳於廣慧禪師，再傳竺法雲禪師和竺緣道長。竺法雲禪師傳俗家弟子張禮泉，竺緣道長傳廣州弟子劉少良。另一說法是清道光年間一還俗和尚黃連矯傳授給廣東惠來縣的林

合，林合又上羅浮山華首台拜黃連矯師兄廣進禪師，藝成後下山開館授徒，傳秦程九、廖錦帶、張禮泉等人。

廣東高明縣（今佛山市高明區）人仇太生（1918—1979年），自幼習武，先後師從張禮泉弟子夏漢雄、葛肇煌，善使棍，精於「摩吸掌」，習武學醫兩者兼顧，20世紀40年代開始教拳。到60年代，劉少良於佛山定居，亦在佛山推廣白眉拳。經劉、仇二人推廣，白眉拳曾在70年代風靡一時，練習者遍及佛山各地，白眉拳從此成為佛山一大拳派。1998年8月，佛山精武體育會成立白眉拳中心，劉、仇二人的子嗣和弟子濟濟一堂，桃李芬芳。

白眉派拳術包括「三形、四標、五向、五行、六合、六勁、八式」等要訣。「三形」為身、手、步形態，即圓、扁、薄。「四標」為內勁，即吞、吐、浮、沉。「五向」指五個方向，即上、下、左、右、中。「五行」為用勁之方式，即剛、柔、輕、迅、重。「六合」即是上與下、左與右、前與後三線對爭，六面相合。「六勁」為發勁之身體配合，即指、腕、肘、肩、腰、足六個部位，出勢發手要求六勁齊發。「八式」為步法結合手形攻擊防守的方式，即鞭、割、挽、撞、彈、索、盤、衝。

白眉拳的特點是樁勢較高，步法穩健，以步帶腰，手法密集多變，長短橋兼用，注重內勁。

白眉拳拳術套路有小十字、十八摩橋、三門八卦、六勁神摩、地煞、七點梅花、直步、虎步、九步推等；器械套路有飛鳳單刀、大陣棍等；其練法要求含胸拔背，沉肩垂肘，兩肘不離肋，兩手護胸。身形講求浮沉吞吐，要做到「手隨身去，身隨步轉」。

第五部分

學以致用，
詠春拳的技法訓練

學詠春是爲了什麼？

或强身健體，或競技，或表演，或實戰，或防身……總歸要學以致用。

每個單招，每個套路，是詠春體系的構成，也是學習的法門，但所有技法皆應活學活用，基於其中，卻無須拘泥其中。

一、簡單組合，快速上手

當你掌握小念頭拳的時候，你只要熟練應用其中的招式，就可以稱做一個有功夫的人了。

假如你可以將小念頭組合來用的話，你更可以算是好功夫之人。

下面我列舉四種簡單的組合，都是結合小念頭和尋橋的消打動作，大家可以很輕易地印證這些組合在套路中的影子。

攤　打

坐馬攤手衝拳，消打同時，長橋發力。

◈**動作步驟：**

[1]呈右坐馬問路手，右手問手左手護手；

[2]右手腕外旋收肘歸中準備做攤手，左手回收變拳準備；

[3]轉馬成左坐馬，同時右手弧線出攤手，左手日字衝拳直線打。

◈**動作要領：**出拳時腰間發力，以腰帶手，坐馬送肩出拳；攤手和衝拳的線路以及發力的方向不同。

◈**易犯錯誤：**兩手未後引做準備；兩手出錯，攤手衝拳掉換。

師父教路：

可連續轉馬左右手互換做到純熟爲止。

[1]　　　　　　　[2]　　　　　　　[3]

按　打

坐馬按手衝拳，消打同時，長短橋結合。

◎**動作步驟：**

[1] 呈左坐馬問路手，左手問手右手護手；

[2] 左手腕內旋沉肘下按成按手，右手握拳準備；

[3、4] 轉馬成右坐馬，右拳在左按手上方直線打出，左手按手在右拳底。

◎**動作要領：**出拳時腰間發力，以腰帶手，坐馬送肩出拳；按手和衝拳的線路以及發力的方向不同。

[1]

[2]　　　　　[3]　　　　　[4]

◎**易犯錯誤**：按手轉馬出拳不協調；兩手出錯，按手衝拳掉換。

標　打

坐馬標手衝拳，消打同時，長橋發力。

◎**動作步驟：**

[1] 呈左坐馬問路手，左手問手右手護手；

[2] 左手腕內旋張肘掌心向下後引做準備，右手握拳準備；

[3、4] 轉馬成右坐馬，左手斜向上標出做標手，右拳直線打出。

[1]

[2]　　　　　　　[3]　　　　　　　[4]

◎**動作要領**：出拳時腰間發力，以腰帶手，坐馬送肩出拳；標手和衝拳的線路以及發力的方向不同。

◎**易犯錯誤**：標手轉馬出拳不協調；兩手出錯，標手衝拳掉換。

格　打

坐馬格手衝拳，消打同時，長短橋結合。

◎**動作步驟**：

[1] 呈右坐馬問路手，右手問手左手護手；

[2] 右手腕外旋沉肘掌心向前後引做準備，右手握拳準備；

[3、4] 轉馬成左坐馬，右手以順時針方向旋轉360°，以肘帶掌，掌外側為發力點做格擋，收肘收於右胸，掌心朝前，左拳直線打出。

[1]　　　　　　　　　　[2]

[3]　　　　　　　　　　[4]

◆**動作要領**：出拳時腰間發力，以腰帶手，坐馬送肩出拳；格手近身弧線發力，衝拳遠橋直線發力，非常不同；可連續轉馬左右手互換做某一組合或多種組合，做到純熟為止。

◆**易犯錯誤**：格手轉馬出拳不協調；兩手出錯，標手衝拳掉換。

二、單黐手練習，培養攻防的條件反射

單黐手是學習詠春黐手的初級方法，主要用來練習攤、膀、伏手法的攻防技術。

單黐手練習可分為三個階段。

第一，固定正身位，馬不動身不動。

此階段注意手型和肘底力，雙方應該經常互換攻防，別老想自己享受攻擊的快意。用力不要太大，為的是訓練反應能力。

第二，轉馬配合單黐手，練習馬步的轉換和追面朝型。

不過，在練習此階段時需掌握尋橋套路。

第三，活步單黐手，也就是訓練走步，強化身法、步法的控制，進行攻防易勢。

如此，已能體驗到實戰的感覺。

下面挑選了幾組具有典型意義的動作來示範，練習者掌握後可舉一反三。

單黐手

●按手衝拳伏手

[1]

[2]

◆**動作詳解：**

雙方對面開馬成二字鉗陽馬（此預備式下同）

師父（左）：　　　　　　弟子（右）：

[1]右伏手（同時）　　　[1]左攤手（同時）

[2]右按手（後）　　　　[2]左底掌（先）

◆**動作要領：**雙方以單攤手和單伏手接觸，各人肘須歸中；接觸時力度輕柔，以皮膚感知對方力量變化；弟子攤手先變底掌，師父伏手感知弟子變招後立即變按手制住弟子。

[3]

[4]

◈**易犯錯誤**：單伏手、單攤手肘未歸中；伏手用力壓，攤手用力抬，以力鬥力；伏手未等攤手變底掌而搶先變按手。

◈**動作詳解**：

師父（左）：　　　　　　弟子（右）：

[3]右衝拳（先）　　　　[3]左攤手（後）

[4]右伏手（後）　　　　[4]左攤手（不變）

◈**動作要領**：師父按手立即變衝拳打向弟子中線，弟子底掌感知壓力解脫立即變招成攤手消師父拳勢；師父拳變伏手制住弟子攤手。

◈**易犯錯誤**：單伏手、攤手肘未歸中；底掌未等按手變衝拳而搶先變攤手，伏手用力壓，攤手用力抬，以力鬥力。

◈動作詳解：

師父（左）：　　　　　　弟子（右）：

[5]右攤手（先）　　　　[5]左攤手（不變）

[6]右圈手—右攤手（先）　[6]左攤手（不變）

◈動作要領：師父伏手變攤手，做內圈手轉入弟子攤手內側；弟子攤手不變。

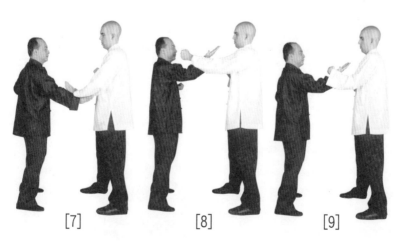

◎動作詳解：

師父（左）：　　　　　　弟子（右）：

[7]右底掌（先）　　　　[7]左按手（後）

[8]右攤手（後）　　　　[8]左衝拳（先）

[9]右攤手（不變）　　　[9]左伏手（先）

◎動作要領：與上述相應動作同，唯攻守相易而已。如是可反覆相互掉換左右手分別做攻防練習。

師父教路：

練習過程中，一般初學者會覺得運用攤手、膀手時十分吃力，用伏手才覺得在用力方面佔有優勢。因此，該示例演示了師父由防到攻的轉換，讓弟子按此練習，清楚黐手的意義，掌握攻防易勢的技巧。

不要急，打好基礎，循序漸進，漸入佳境！

●攤手底掌膀手

[1]

[2]

[3]

[4]

◆**動作詳解：**

師父（左）：

[1]左攤手（同時）

[2]左底掌（先）

[3]左膀手（後）

[4]左膀手（不變）

弟子（右）：

[1]右伏手（同時）

[2]右按手（後）

[3]右衝拳（先）

[4]右伏手（先）

◆**動作要領：**弟子按手變衝拳，師父底掌感知壓力解脫立即變膀手消弟子拳勢。如是可反覆相互掉換左右手分別做攻防練習。

◆**易犯錯誤：**攤、伏、膀基本動作變形。

師父教路：

「攤伏膀」雖然簡單，但卻是詠春實戰的基本招式，要不厭其煩地反覆練習！正所謂：詠春聲名顯，攤膀伏天下！

●攤手正掌伏手衝拳

[1]　　　　　　[2]　　　　　　[3]

◎**動作詳解**：

師父（左）：　　　　　弟子（右）：

[1]左攤手（同時）　　　[1]右伏手（同時）

[2]左正掌（後）　　　　[2]右圈手（先）

[3]左正掌（先）　　　　[3]右底掌（後）

◎**動作要領**：弟子伏手變圈手，意欲「甩手」在師父橋手底下施展底掌擊向師父下腹，師父攤手感知壓力解脫立即變正掌以直線擊向弟子胸口（「直衝」），此為「甩手直衝」之心法，直線破曲線之用。

◎**易犯錯誤**：攤手用力上抬伏手不及防備下方，被圈手趁勢溜掉在下施以底掌偷襲；正掌食位後直衝不堅決，貽誤戰機。

[4]　　　[5]　　　[6]

◈動作詳解：

師父（左）：　　　　　弟子（右）：

[4]左伏手（後）　　　　[4]右攤手（先）

[5]左衝拳（後）　　　　[5]右圈手（先）

[6]左衝拳（先）　　　　[6]右正掌（後）

◈動作要領：弟子攤手變圈手，意欲「甩手」在師父橋手外門施展正掌擊向師父面門，師父伏手感知壓力解脫立即變衝拳以直線擊向弟子胸口（「直衝」），此亦為「甩手直衝」之心法的另一應用。

◈易犯錯誤：伏手用力上壓攤手不及防備上方，被圈手趁勢溜掉在上施以正掌偷襲；衝拳食位後直衝不堅決，貽誤戰機。如是可反覆相互掉換左右手分別做攻防練習。

師父教路：

弟子兩次偷襲均被察覺，應吸取教訓！

●膀手標指

[1]

[2]

[3]

◆**動作詳解：**

師父（左）：　　　　　弟子（右）：

[1]左膀手（同時）　　　[1]右伏手（同時）

[2]左標指（後）　　　　[2]右圈手（先）

[3]左標指（先）　　　　[3]右底掌（後）

◆**動作要領：**弟子伏手變圈手，意欲「甩手」在師父橋手底下施展底掌擊向師父下腹，師父膀手感知壓力解脫立即變標指以肘發力直線擊向弟子眼睛（「直衝」），此為「甩手直衝」的又一用法。

◈易犯錯誤：膀手用力上抬伏手不及防備下方，被圈手趁勢溜掉在下施以底掌偷襲；標指食位後直衝不堅決，貽誤時機。

師父教路：

冒著被底掌擊中的風險，卻直取對方眼睛，此爲險中求勝之法，有以小博大之功。注意：此招兇險，一定要留手留力，不然易誤傷同門！

●伏手正掌

[1]　　　[2]　　　[3]

◈**動作詳解：**

師父（左）：　　　　　弟子（右）：

[1]左伏手（同時）　　　[1]右攤手（同時）

[2]左正掌（後）　　　　[2]右圈手（先）

[3]左正掌（先）　　　　[3]右橫掌（後）

◎**動作要領**：弟子攤手變圈手，意欲「甩手」在師父橋手內門轉到外門施展橫掌擊向師父頸部，師父伏手感知壓力解脫立即變正掌以肘發力直線擊向弟子胸口（「直衝」），此為「甩手直衝」的又一用法，後發先至之妙。

◎**易犯錯誤**：伏手用力下壓攤手不及防備外門上方，被圈手趁勢溜掉在外門施以橫掌偷襲；正掌食位後直衝不堅決，貽誤戰機。

師父教路：

內門被占，容易被對方直線長驅直入！若弟子學精，圈手後以橫拍手尋橋，再以橫掌占橋，則對方正掌失勢，勝負相易！

●攤手底掌圈手窒手衝拳伏手

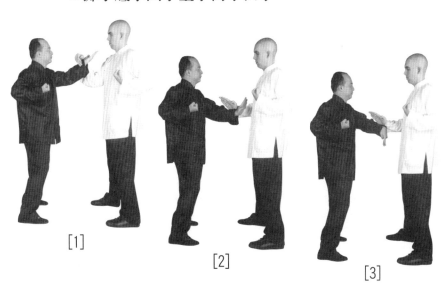

[1]

[2]

[3]

[4]

[5]

[6]

◎**動作詳解：**

師父（左）：　　　　弟子（右）：

[1]左攤手（同時）　　[1]右伏手（同時）

[2]左底掌（先）　　　[2]右按手（後）

[3]左圈手（先）　　　[3]右按手（後）

[4]窒手（先）　　　　[4]右按手（不變）

[5]左衝拳（先）　　　[5]右膀手（後）

[6]左伏手（先）　　　[6]右攤手（後）

◎**動作要領：**師父主動進攻伏攤手變底掌，弟子感知力量走向立即按手消解；師父感知弟子力量下壓立即「甩手」做圈手由弟子橋手底下溜到外門變窒手尋橋，得橋後立即施展衝拳擊向弟子面門；弟子感知師父力量變化也不

怠慢，按手立即變膀手上抬消解師父拳勢；師父伏手扣壓弟子膀手，弟子沉肘變攤手，雙方位置互換，可由弟子主動進攻雙方攻防互易做上述練習。

◎**易犯錯誤**：圈手之後未做窒手尋橋得橋就直接衝拳，如此對方易用「甩手直衝」按手直接變底掌擊中。如是可反覆相互掉換左右手分別做攻防練習。

師父教路：
弟子日漸精熟，令師父兩次進攻均被化解，好！

● 「攤伏膀」換位練習

[1]

[2]

[3]

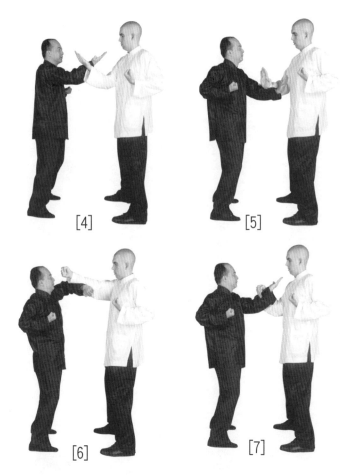

[4]　　　　　　[5]

[6]　　　　　　[7]

◆動作詳解：

師父（左）：　　　　弟子（右）：

[1]左伏手（同時）　　[1]右攤手（同時）

[2]左按手（後）　　　[2]右底掌（先）

[3]左衝拳（先）　　　[3]右膀手（後）

[4]左攤手（後）　　　[4]右攤手（先）

[5]左底掌（先）　　　[5]右按手（後）

[6]左膀手（後）　　　[6]右衝拳（先）

[7]左膀手（後）　　　[7]右伏手（先）

◎**動作要領：**弟子主動進攻攤手變底掌，師父感知力量走向按手消解立即施展衝拳擊向弟子面門；弟子感知師父力量變化底掌立即變膀手上抬消解師父拳勢；弟子沉肘變攤手，師父圈手由弟子攤手外門進到內門做攤手，雙方位置互換，由師父主動進攻雙方攻防互易做上述練習。

◎**易犯錯誤：**圈攤伏膀基本動作變形；雙方以力鬥力。

師父教路：攤伏膀，還是攤伏膀！

●攤手伏手橫掌

[1]　　　　　[2]　　　　　[3]

[4]

[5]

◆**動作詳解：**

師父（左）：　　　　　弟子（右）：

[1]右攤手（同時）　　　[1]右攤手（同時）

[2]右按手（先）　　　　[2]右攤手（不變）

[3]右橫掌（先）　　　　[3]右膀手（後）

[4]右伏手（先）　　　　[4]右膀手（不變）

[5]右攤手（後）　　　　[5]右攤手（先）

◆**易犯錯誤：**

先攻方未得橋就進攻，雙方以力鬥力。

◆**動作要領：**

這是一組「交叉手」的練習：

師父主動進攻攤手變按手尋橋得橋後，立即占橋施展

橫掌擊向弟子面門；弟子感知師父力量變化底掌立即變膀手上抬消解師父拳勢，師父立即變伏手扣住弟子；弟子沉肘變攤手，師父順勢伏手做攤手，雙方位置互換，可由弟子主動進攻雙方攻防互易做上述練習。

師父教路：

弟子以膀手拆橋，以一招破師父按手衝拳兩招，好！師父衝拳無功立即以伏手封橋，未雨綢繆，也好！否則弟子膀手在師父伸直手臂之橋底直接直肘以殺頸手擊向師父腋下要害，勝負互易！

三、雙黐手練習，讓動作快過意念

在雙黐手中，你會感到雙方兩手之間有兩股力量在流動，這兩股流動的力像兩條隱形的龍，時而曲折盤旋，時而上飛下衝，而且兩條龍騰飛的速度和方向每時每刻都不同。

這就需要你兩手要同時做出不一樣的反應，如同左手畫圓右手畫方，一心二用。

《射雕英雄傳》裡老頑童周伯通發明的雙手互搏之術，其實在詠春拳裡比比皆是！

練習雙黐手，應遵循以下步驟：先定步，後活步；先盤手，後離手；先睜眼，後蒙眼。

注意理解以下空間和方位的概念：內門和外門，同側手和交叉手。

黐手過程中，雙手放鬆最重要。否則肌肉僵硬，感覺靈敏度將大打折扣，反應速度便慢了。

此外，黐手交流，佛山規矩如下：

1. 不准起腳；
2. 不准插眼封喉點脈；
3. 擊中三下即收；
4. 轉身後背對人算輸；
5. 失穩跌倒算輸；
6. 留力不留招；
7. 裁判喊停即停。

雙黐手

●盤手對拆——底掌穿手按手衝拳

[1]

◆**動作詳解：**

師父（左）：[1]盤手：左攤手、右伏手（同時）

弟子（右）：[1]盤手：左膀手、右伏手（同時）

◆**動作要領：**雙方按順、逆時針轉動盤手，攤手與膀手互易，循環往復。盤手次數多少隨意，以手感純熟為準。最後動作師父做左攤右伏，弟子做左膀右伏。

◆**易犯錯誤：**伏手、攤手肘未歸中；伏手用力壓，攤手用力抬，以力鬥力；攤手和膀手轉換不到位；盤手轉圈直徑過大。

[2]　　　　　　　[3]　　　　　　　[4]

[5]　　　　　　　　　　[6]

◈動作詳解：

師父（左）：[2]左底掌（先）、右伏手（不變）

　　　　　　　[3]左穿手、右按手（後）

　　　　　　　[4～6]左按手、右連環衝拳（先）

弟子（右）：[2]右按手（後）、左膀手（不變）

　　　　　　　[3]右正掌（先）、左膀手（不變）

　　　　　　　[4～6]雙手被伏

◆**動作要領：**師父以底掌主動進攻，弟子以按手消解立即施以正掌擊向師父面門；師父感知弟子力量走向，底掌迅速在弟子肘底穿出變按手控肘給力（占橋），弟子受力動作變形正掌失勢；師父按手繼續以無情力加力（占橋），右拳連續擊打弟子左腹及左側面，實施外門進攻（過門）。

◆**易犯錯誤：**進攻方未能控制對方肘部；按手和衝拳不配合。

師父教路：

對方進攻不要慌，他有他打，你有你打，後發先至，控肘一伏二，內門轉外門！

●盤手對拆──圈手按手衝拳

[1]

[2]

◆**動作詳解：**雙方對面開馬成二字鉗陽馬（此預備式下同）

師父（左）：[1]盤手：左伏手、右膀手（同時）
　　　　　　　[2]盤手：左伏手、右攤手（同時）

　　弟子（右）：[1]盤手：左伏手、右攤手（同時）

　　　　　　　　[2]盤手：左伏手、右膀手（同時）

　◎**動作要領：**雙方盤手，伏手對攤手，膀手對伏手，伏手、攤手肘須歸中；接觸時力度輕柔，以皮膚感知對方力量變化；雙方按順、逆時針轉動盤手，攤手與膀手互易，循環往復；盤手轉動各人手腕保持相對，轉圈直徑儘量收窄。

　◎**易犯錯誤：**伏手、攤手肘未歸中；伏手用力壓，攤手用力抬，以力鬥力；攤手和膀手轉換不到位；盤手轉圈直徑過大。

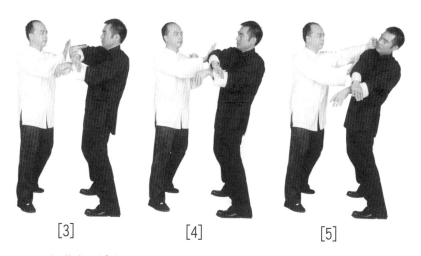

[3]　　　　　　　　[4]　　　　　　　　[5]

　◎**動作詳解：**

　　師父（左）：[3]右圈手、左按手（先）

　　　　　　　　[4]右按手、左握拳（先）

　　　　　　　　[5]右按手、左衝拳（先）

　　弟子（右）：[3]左伏手、右膀手（不變）

[4]左伏手、右膀手（不變）

[5]雙手被伏

◆**動作要領**：師父右攤手突然以圈手脫離弟子伏手（抽橋），左伏手立即變按手給力控制弟子右肘（占橋）；師父右手急速按住弟子右肘並給力（占橋），左手握拳同時擊打弟子側面，於外門攻擊。

◆**易犯錯誤**：進攻方未能控制對方肘部；按手和衝拳不配合。

師父教路：

你用一隻手控制對方兩隻手，叫做「一伏二」，關鍵要控肘並給力！

●離手對拆──同側手單邊膀手衝拳

[1]　　　　　　　　　　[2]

◆**動作詳解**：雙方不做盤手而直接進行攻防練習，不做盤手稱為離手；對拆，也是黐手訓練的一部分。二人面對，各自出左右手稱為「同側手」，大家均出左手或右手

稱為「交叉手」（下同）。

　　師父（左）：

　　[1]鉗陽馬左問路手（同時）

　　[2]左上步左衝拳（先）、右護手（不變）

　　[3]左拳、右護手（不變）

　　[4]左膀手、右護手（後）

　　[5、6]右按手、左衝拳（先）

弟子（右）：

[1]鉗陽馬右問路手（同時）

[2]右坐馬右膀手（後）、 左護手（不變）

[3]左按手（先）、 右握拳（同時）

[4]右衝拳、左護手（先）

[5、6]右膀手、左護手（後）

◈**動作要領**：師父上步衝拳主動進攻，弟子不退以坐馬側身並以膀手消解師父拳勢（封門），護手在師父拳頭外門立即變按手按下師父拳頭（占橋），尋得空門膀手握拳在按手上面穿出直打師父面門；師父看到弟子手影擊來，急抬肘膀手封住空門（封門），護手輔之；師父護手再變按手按下弟子拳頭（占橋），膀手變拳在按手上面穿出直打弟子面門；弟子駕輕就熟再以膀手化解（封門）。

◈**易犯錯誤**：護手未擋在對方拳頭外門；按手和衝拳不配合。如是可反覆相互掉換角色分別做攻防練習。

師父教路：

膀手護手坐馬，關鍵要一氣呵成！

●離手對拆──同側手換邊膀手衝拳

◈**動作詳解：**

師父（左）：

[1]鉗陽馬左問路手（同時）

[2]左上步左衝拳（先）、右護手（不變）

[3]左握拳、右護手（不變）

[4、5]左按手、右衝拳（先）

[6、7]右膀手、左護手（後）

弟子（右）：

[1]鉗陽馬右問路手（同時）

[2]右坐馬右膀手（後）、左護手（不變）

[3]左按手（先）、右握拳（同時）

[4、5]左膀手、右護手（後）

[6、7]左衝拳、右護手（先）

[1]　　　　　　　　　　　[2]

[3]　　　　　　　　　　　[4]

[5]

[6]

[7]

◎**動作要領**：師父上步衝拳主動進攻，弟子不退以坐馬側身並以右膀手消解師父拳勢（封門），左護手在師父拳頭外門立即變按手按下師父拳頭（占橋），尋得空門膀手握拳欲在按手上面穿出直打師父面門；師父洞察弟子意圖，左拳立即變按手按住弟子左橋（占橋），右手變拳後發先至再打弟子面門；弟子棄攻為守，以左膀手消解後（封門），右護手再變按手按下師父拳頭（占橋），膀手變拳穿出直打師父面門；師父從容再以右膀手化解（封門）。

◎**易犯錯誤**：連續衝拳方在按手封橋時未給力；按手和衝拳不配合。

師父教路：

連環衝拳並非簡單，需另一隻手配合。兩手消打同時一心二用，暗藏變化，須細心揣摩！

●離手對拆——膀手換手衝拳

[1]

[2]

[3]

[4]

[5]

◎**動作詳解：**

師父（左）：[1]左膀手、右護手（後）

[2]左按手、右握拳（先）

[3]左按手、右衝拳（先）

[4、5]右膀手、左護手（後）

弟子（右）：[1]右衝拳、左護手（先）

[2]右握拳、左護手（不變）

[3]左膀手、右護手（後）

[4、5]右按手、左衝拳（先）

◎**動作要領：**弟子衝拳主動進攻，師父以坐馬側身並以左膀手消解弟子拳勢（封門），左手立即乘勢入弟子內門按住其左護手（占橋），換成右手變拳直打弟子面門；

弟子棄攻為守，以左膀手消解後（封門），右護手再變按手按下師父拳頭（占橋），膀手變拳穿出直打師父面門；師父從容再以右膀手化解（封門）。

◎**易犯錯誤：**膀手變按手不堅決，貽誤戰機；按手和衝拳不配合。

師父教路：

此招奧妙全在膀手變按手，既要以無情力壓制對方護手（封橋），又要以己之橋手將對方衝拳橋手擋在外門（擋橋），也是一手二用之法！

●離手對拆──標手按打

[1]

[2]

[3]

[4]

[5]

◈**動作詳解**：

師父（左）：[1]左衝拳、右護手（先）

　　　　　　[2、3]右標手、左握拳（後）

　　　　　　[4、5]右按手、左衝拳（先）

弟子（右）：[1]右膀手、左護手（後）

　　　　　　[2、3]左按手、右衝拳（先）

　　　　　　[4、5]雙手受制（後）

◈**動作要領**：師父上步左衝拳主動進攻，弟子不退以坐馬側身並以右膀手消解師父拳勢（封門），左護手在師父拳頭外門立即變按手按下師父拳頭（占橋），尋得空門膀手握拳以直衝拳擊向師父正面；

　　師父左手受制，右護手立即起標手截擊弟子衝拳（封門）；師父步法身位配合轉內門為外門（過門），標手變按手以無情力控制弟子右肘外門（占橋），左手立即衝拳直打弟子側面。

◈**易犯錯誤**：標手變按手過慢，令對方橋手走脫；按打時步法沒有配合走位。

師父教路：

　　手法純熟只能贏一半，步法身位更重要！緊記：腰、橋、馬合一！

●離手對拆──連消帶打、內門轉外門之一

[1]　　　　　　　　　　[2]

[3]　　　　　　[4]　　　　　　[5]

◆動作詳解：

師父（左）：[1]左衝拳、右護手（先）

　　　　　　[2、3]右拍手、左握拳（後）

　　　　　　[4、5]左標手、右衝拳（先）

弟子（右）：[1]右膀手、左護手（後）

　　　　　　[2、3]左按手、右擺拳（先）

　　　　　　[4、5]左拍手（後）、右擺拳（不變）

◆**動作要領：**師父上步左衝拳主動進攻，弟子不退以坐馬側身並以右膀手消解師父拳勢（封門），左護手在師父拳頭外門立即變按手按下師父拳頭（占橋），尋得空門膀手握拳以擺拳甩擊師父側面；師父左手受制，唯有立即起右手拍擊弟子擺拳（封門）；師父轉守為攻，左手直上標手控制弟子右肘內門（占橋），右手毫不猶豫衝拳直打弟子內門心口；弟子右手受制，唯有以左拍手消解師父拳勢（封門）。

[6]　　　　　　　　　[7]

[8]　　　　[9]　　　　[10]

◆**動作詳解**：

師父（左）：[6～8]左按手、右攔手（先）

[9、10]左按手、右衝拳（先）

弟子（右）：[6～8]身形受制（後）

[9、10]身形受制（不變）

◆**動作要領**：師父見弟子封住內門，立即將標手變按手按下弟子右手（尋橋），同時側身上步以右攔手將弟子右手攔下（占橋），此時師父已由弟子內門轉到外門（過門），弟子身形盡失；師父抓住戰機，左按手以無情力控制弟子肘部（占橋），右手衝拳直打弟子側面。

◆**易犯錯誤**：標手未變按手將對方手按下；攔手未能控制對方橋手。

師父教路：

此組合手法變化較多，然萬變不離其宗：尋橋占橋、入門封門、內外移形、控肘為上、消打同時、連綿不絕！

●離手對拆──連消帶打、內門轉外門之二

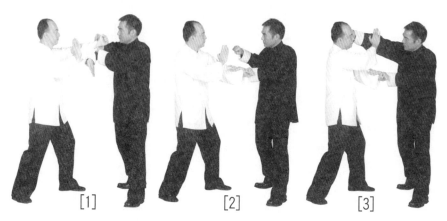

[1]   [2]   [3]

◆動作詳解：

師父（左）：[1]左衝拳、右護手（先）

[2、3]右拍手、左握拳（後）

弟子（右）：[1]右膀手、左護手（後）

[2、3]左按手、右擺拳（先）

◆動作要領：這與練習七開始的情形是一樣的，弟子擺拳弧線擊打，師父拍手封門。變化在後面。

[4]

[5]

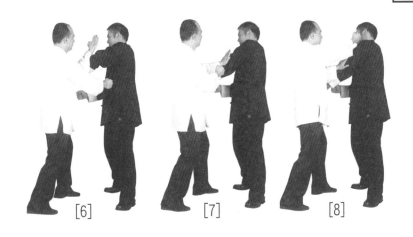

[6]　　　　　　[7]　　　　　　[8]

◈動作詳解：

師父（左）：[4～6]左攤手、右衝拳（先）

　　　　　　　[7、8]左按手、右衝拳（先）

弟子（右）：[4～6]身形受制（後）

　　　　　　　[7、8]身形受制（不變）

◈**動作要領**：師父左手沉肘發力向上攤手解脫弟子按手控制（拆橋），攤手黏住對方橋手發力令弟子身位變形（占橋），此時師父步法身位配合已經由弟子內門轉到外門（過門），右拳逢空即入擊打弟子下腹；師父連綿進攻，攤手變按手繼續加力控肘（占橋），右拳再加一拳擊向弟子側面。

◈**易犯錯誤**：攤手未給力控制對方橋手；按手未繼續加力控制對方橋手。

師父教路：外門有兩邊，能走一邊是一邊！

●離手對拆——抽橋按打

[1]

[2]

[3]

[4]

[5]

◆動作詳解：

師父（左）：[1]左衝拳、右護手（先）

[2、3]右護手、左握拳（後）

[4、5]右格手、左衝拳（先）

[6]

[7]

[6、7]左按手、右衝拳（先）

弟子（右）：[1]右膀手、左護手（後）

[2、3]左按手、右衝拳（先）

[4、5]身位受制（後）

[6、7]身位受制（不變）

◈**動作要領**：師父上步左衝拳主動進攻，弟子不退以坐馬側身並以右膀手消解師父拳勢（封門），左護手在師父拳頭外門立即變按手按下師父拳頭（占橋），尋得空門膀手握拳以衝拳直打師父正面；師父左手受制，幸有右護手在後起手變格手截擊弟子衝拳橋手外側（封門尋橋）；

師父格手變按手以無情力控肘（「一伏二」），左手脫手抽回（抽橋），步法身位配合走位（過門），轉守為攻，左手在弟子外門衝拳直打弟子側面，得手後不假思索左拳變按手下落控肘（「一伏二」），右拳同時擊中弟子下頜。

◈易犯錯誤：格手變按手不及時；兩次按打兩手配合不同步。

師父教路：拳無三下手，簡單實用最好。

●離手對拆──交叉手按打攔打

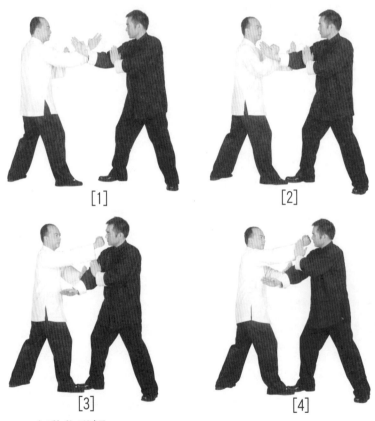

[1]　　　　　　　　[2]

[3]　　　　　　　　[4]

◈動作詳解：

師父（左）：[1]右問手、左護手（同時）

[2～4]左按手、右衝拳（先）

[5、6]右攔手、左衝拳（先）

[5]　　　　　　　[6]　　　　　　　[7]

　　　　[7]右攔手、左衝拳（先）
弟子（右）：[1]右問手、左護手（同時）
　　　　[2～4]左拍手（後）
　　　　[5、6]身形受制（後）
　　　　[7]身形受制（不變）

◎動作要領：雙方以交叉手做問路手，伺機而動；師
父問手突然抽回握拳（抽橋），左護手同時前伸變按手將
弟子右肘壓下（占橋），右拳立即衝拳直打弟子正面；弟
子右橋被占，左手立即橫拍（封門）；師父衝拳被阻，立
即變為攔手在弟子橋手上面配合步法身位轉到外門（過
門），左拳同時擊打弟子右腰；師父攔手加力控肘（占
橋），連環擊打，上步左拳再擊向弟子側面。

◎易犯錯誤：攔手與步法身位配合不到位；攔打時沒
有迫馬加力令對方走脫。

師父教路：橋上過門用攔手，他防上來我打下。

一、佛山功夫拜師通則

1. 主持人宣佈典禮開始。

2. 擊鼓鳴鐘、奏黃鍾大呂的音樂。

3. 見證人在臺上香案兩側就座（見證人：門派內長輩、武林名宿等）。

4. 主持人介紹到會各門派人士。

5. 引師人引學生從觀禮席中央通道走過，從拜師台兩側上臺站定位，請行禮弟子至香案前面向本門祖師畫像（傳統形式：引師人在前引路，母親挽著子女的手，父親在後挑著穀子、酒罈等拜師禮物）。

6. 為人師父、師母者面朝香案就位（男左女右）。

7. 全體肅立。

8. 師父、師母率眾學生向師祖畫像或牌位行上香禮，師父念《稟師祖辭》後率眾人分別三鞠躬上香獻爵。

9. 師父、師母就座太師椅（男左女右），弟子分列左右。嘉賓請坐。

10. 家長代表（子女監護人）上臺宣讀拜師帖，恭敬交與引師人。引師人轉交師父。

11. 引師人將學生引至師父、師母前跪下，由師父問：「你欲入我門下，是否心從所願？」

答：「弟子心從所願！」逐一遞上利市、學金給師母，說：「請師父收我為徒！」

12. 斟茶拜師。學生以跪姿叩頭後奉茶，說：「請師父、師母飲茶！」師母回利市。

13. 師父宣讀收徒帖，並將收徒帖及本門信物逐一交眾弟子。

14. 見證人代表宣讀見證帖並蓋印。

15. 師父宣讀本門戒律。問：「以上本門戒律，你等可曾銘記於心？」眾弟子答：「弟子誓銘記於心！」

16. 新入門弟子跪禮見過師公、師伯公、師叔公、師伯、師叔等本門前輩，師父逐一引見。

17. 新入門弟子抱拳揖禮，見過師兄弟、師姐妹等同門，大師兄或大師姐逐一介紹。

18. 弟子演練本門武功。與師父一起抱拳謝各門派人士，師父請各路英雄日後關照本門弟子。

19. 主持人宣佈：「禮成！」

20. 拜師宴（必須有以下菜式：「清水菜心」寓意「開枝散葉」；「生菜滾粥」寓意「師門足食」）。

◆ 師傅與師父的區別

師傅是泛指具有特殊知識、技能之人，與老師同義。而雙方經過正式收徒拜師儀式之後才可形成某一門派裡師父和徒弟的關係。「師父」即「一日為師，終生為父」之意，而師父的夫人即是「師母」。中國最著名的師徒是

誰？請參看《西遊記》。拜師傳統自古有之，分文武兩種，以山東曲阜孔府和廣東佛山功夫各為代表。

二、葉問詠春無憂堂學規及傳承表

無憂堂學規

梁旭輝師父　編訂

中華武術，源遠流長；佛山功夫，世人敬仰。

元甲精神，宇內長存；愛國情懷，千古流芳。

問公風骨，詠春精華；劍膽琴心，張弛有方。

修身助人，兼濟天下；正義常駐，挺直脊樑。

德行第一，武藝第二；文事武備，切勿偏荒。

尊重傳統，尊敬師長；同門互助，團結友邦。

福賢錦華，升平永安；薪火相傳，輩分勿亂。

醫武同源，兼修內外；修為無境，自省為尚。

損人利己，武林不恥；勿較得失，耐苦同甘。

唯念正念，篤行正行；言教身授，傳我正傳。

拳不離手，勵志自強；遵我門規，護我門牆。

今示諸生，銘記勿忘；天涯海角，共勉同揚。

葉問詠春無憂堂傳承

五枚（創拳）──嚴詠春（始祖）──梁博儔（詠春丈夫）──梁蘭桂（族侄）──梁二娣、黃華寶（紅船粵劇伶人）──梁贊（佛山贊先生）──陳華順、梁碧和（贊先生之子）──葉問（一代宗師）──張卓慶（李小

龍師兄）——梁旭輝（無憂堂創始人）——福——賢——
錦——華——升——平——永——安……

　　註：「福賢錦華，升平永安」為無憂堂字輩排序，取
自佛山古老路名：福賢路、錦華路、升平路、永安路。

後 記

　　我研究詠春拳至今十餘年，可以說這本書的籌備時間也經歷了這麼長的時間。

　　文武異曲同工，殊途同歸。功夫和文字都需要長期的積累，厚積薄發。這些年裡，我得到的鼓勵和幫助不計其數，在此要特別感謝以下人士：

　　梁贊宗師的曾孫梁文樂前輩以及游善碧女士無償提供關於「佛山贊先生」的家乘資料；

　　世界詠春聯會主席、葉問宗師長子葉準先生，香港詠春聯會主席、《葉問》電影出品人冼國林先生的序言，以及詠春新生代、功夫影視新星杜宇航和陳嘉桓的推薦語；

　　嶺南各精武友會：香港盧偉強主席、澳門梁忠靈會長、廣州招德光會長的幫助；

　　佛山精武體育會各會長：精武拳羅潤作、鷹爪拳杜睿、太極拳鄭玲、白眉拳陳幼民、永春拳江潤金、洪拳吳德明、少臨南家拳張松清、詠春拳高原的鼎力支持；

　　佛山詠春眾多「梁師父」：梁士秋會長、梁湛聲會長、梁健華館長、梁楠館長、梁澤廣理事等兄弟多年的拳法交流和戰鬥友誼；

　　姚才詠春派霍超師伯和阮奇山詠春派梁牛師伯摒棄門戶之見的賜教；

阮奇山嫡孫阮祖棠師父欣然提供家乘資料；

佛山攝影師譚兼之為我和中外弟子拍攝了四次外景；

中國詠春剪紙第一人、佛山現代剪紙藝術家鄧燕平女士的剪紙作品；

佛山「風舞星原」動漫工作室創作總監岑偉鋒及其團隊的漫畫創作；

暨南大學新聞學胡莎麗碩士的義務文案策劃；

遼寧科學技術出版社社長宋純智先生和靈智偉業文化傳播有限公司總編輯朱凌琳女士對本書出版所給予的大力支持；

靈智文化的策畫團隊和迪俊圖影視的謝智良先生及其團隊的精良製作；

提供幫助者甚多，未能一一盡錄。

最後特別感謝家師張卓慶教授，他以古稀之年來佛山將其平生絕技盡心回傳，並鼓勵我大膽開拓創新，師徒情緣足慰平生。

成事不易，但求盡力。本書能讓讀者對詠春拳有所瞭解，激發學習功夫的一點興趣，從中學到詠春拳的一些要領，我就感到十分欣慰了。

梁旭輝

於佛山

2011年11月26日梁旭輝在馬來西亞獲得亞太公開大學武術哲學博士學位

2011年8月3日作者在詠春著作首發會

2011年8月作者向佛山市長劉悅倫贈送詠春著作

2011年8月作者在香港向葉問宗師長子葉準先生贈書

2011年10月22日少林鵝坡武術專修院梁少宗院長（左）轉交釋永信方丈題詞給作者（中間為佛山市體育局楊振富局長）

2011年11月佛山詠春師父代表中國參加世界詠春擂臺賽揚威馬來西亞

2011年11月28日梁旭輝應邀在馬來西亞怡保市楊紫瓊家中作客，贈送詠春著作給楊紫瓊，由其母親譚惠珍女士接受

梁旭輝2010、2011連續兩年獲得馬來西亞首相拿督斯里納吉阿都拉薩簽發的武術成就獎（左為首相秘書）

養生保健 古今養生保健法 強身健體增加身體免疫力

太極武術教學光碟

太極功夫扇
五十二式太極扇
演示：李德印 等
(2VCD)中國

夕陽美太極功夫扇
五十六式太極扇
演示：李德印 等
(2VCD)中國

陳氏太極拳及其技擊法
演示：馬虹(10VCD)中國
陳氏太極拳勁道釋秘
拆拳講勁
演示：馬虹(8DVD)中國
推手技巧及功力訓練
演示：馬虹(4VCD)中國

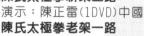

陳氏太極拳新架一路
演示：陳正雷(1DVD)中國
陳氏太極拳新架二路
演示：陳正雷(1DVD)中國
陳氏太極拳老架一路
演示：陳正雷(1DVD)中國

陳氏太極拳老架二路
演示：陳正雷(1DVD)中國
陳氏太極推手
演示：陳正雷(1DVD)中國
陳氏太極單刀‧雙刀
演示：陳正雷(1DVD)中國

郭林新氣功
(8DVD)中國

本公司還有其他武術光碟
歡迎來電詢問或至網站查詢
電話：02-28236031
網址：www.dah-jaan.com.tw

原版教學光碟

歡迎至本公司購買書籍

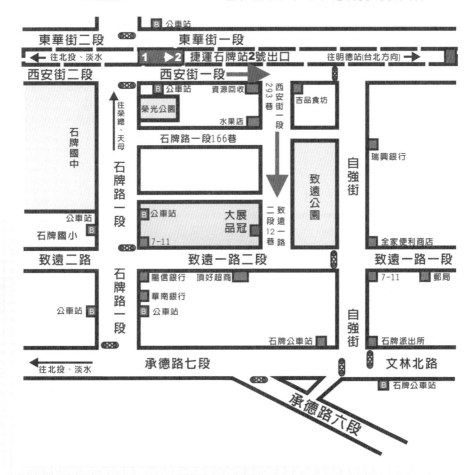

建議路線

1. 搭乘捷運‧公車

　　淡水線石牌站下車，由石牌捷運站2號出口出站(出站後靠右邊)，沿著捷運高架往台北方向走(往明德站方向)，其街名為西安街，約走100公尺(勿超過紅綠燈)，由西安街一段293巷進來(巷口有一公車站牌，站名為自強街口)，本公司位於致遠公園對面。搭公車者請於石牌站(石牌派出所)下車，走進自強街，遇致遠路口左轉，右手邊第一條巷子即為本社位置。

2. 自行開車或騎車

　　由承德路接石牌路，看到陽信銀行右轉，此條即為致遠一路二段，在遇到自強街(紅綠燈)前的巷子(致遠公園)左轉，即可看到本公司招牌。

國家圖書館出版品預行編目資料

30天輕鬆學會詠春拳 / 梁旭輝 著
－初版－臺北市：大展，2016【民105.05】
面；21公分－（詠春拳；2）
ISBN 978-986-346-111-1（平裝；附數位影音光碟）

1.拳術　　　2.中國

528.972　　　　　　　　　　　105003320

30 天輕鬆學會詠春拳附 DVD

著　　者／梁　旭　輝
責任編輯／閆　智　璽
發 行 人／蔡　森　明
出 版 者／大展出版社有限公司
社　　址／台北市北投區（石牌）致遠一路2段12巷1號
電　　話／(02) 28236031‧28236033‧28233123
傳　　真／(02) 28272069
郵政劃撥／01669551
網　　址／www.dah-jaan.com.tw
E-mail／service@dah-jaan.com.tw
登 記 證／局版臺業字第2171號
承 印 者／傳興印刷有限公司
裝　　訂／眾友企業公司
排 版 者／弘益電腦排版有限公司
授 權 者／遼寧科學技術出版社
初版1刷／2016年（民105）5月
初版2刷／2018年（民107）8月　　　　　　定價／400元

●本書若有破損、缺頁敬請寄回本社更換●

大展好書　好書大展
品嘗好書　冠群可期